"十三五"国家重点图书出版规划项目

中国汉画大图典

第七卷 丹青笔墨
（上）

帛绘 漆绘 器绘 其他

主　编　顾　森
副主编　游振群

西北大学出版社
·西安·

图书在版编目（CIP）数据

丹青笔墨 / 顾森主编. —西安：西北大学出版社，2022.2

（中国汉画大图典 / 顾森主编）

ISBN 978-7-5604-4680-6

Ⅰ.①丹… Ⅱ.①顾… Ⅲ.①画像石—中国—汉代—图集 ②画像砖—中国—汉代—图集 Ⅳ.①K879.422

中国版本图书馆CIP数据核字（2020）第269143号

责任编辑　王　岚　薛继珍
装帧设计　泽　海

中国汉画大图典
ZHONGGUO HANHUA DA TUDIAN

主　编　顾　森

丹青笔墨
DANQING BIMO

主　编　顾　森
副主编　游振群（上册）　徐婵菲（下册）
出版发行　西北大学出版社
（西北大学校内　邮编：710069　电话：029-88302621　88303593）
http://nwupress.nwu.edu.cn　E-mail: xdpress@nwu.edu.cn

经　销	全国新华书店	
印　装	北京雅昌艺术印刷有限公司	
开　本	787毫米×1092毫米　1/16	
印　张	43.5	
版　次	2022年2月第1版	
印　次	2022年2月第1次印刷	
字　数	346千字	
书　号	ISBN 978-7-5604-4680-6	
定　价	740.00元（上下册）	

本版图书如有印装质量问题，请拨打电话029-88302966予以调换。

编者的话

一、图典的结构

《中国汉画大图典》本质上是一套字典，不过是以图为字，用图像来解读先秦及汉代的社会和文化。本图典共七卷，一至六卷是黑白的，第七卷（上下册）是彩色的，共收有约13000个图像单元。根据现有图像的实际情况，以"人物故事""舞乐百业""车马乘骑""仙人神祇""动物灵异""建筑藻饰"几大门类来梳理和归纳，以期体现本图典这种形象的百科全书的特性。图像之外，文字部分主要有总序、各册目录、门类述要、专题文章、参考文献、后记等。

二、读者对象

本图典具有雅俗共赏的特色。其图像形象，能够为幼儿及以上者所识读；其文化内涵，能够为中学文化程度及以上者所理解；其图像、内容及其延展，则于文化学者、学术研究者和艺术创作者均大有裨益。

三、图像的来源和质量

本图典的黑白图像主要来源于画像石、画像砖、铜镜、瓦当、肖形印等五类器物的拓片。这些图像主要来自原拓，也有相当数量的图像来自出版物，极少量的图像来自处理过的实物摄影。

画像石是直接镌刻于石面上的，由于种种原因，如石质、镌刻工具、镌刻技艺等的不同，即使来自同一粉本，也不会出现完全雷同的图像，所以不同石面的拓片都具有"唯一"的特色，区别仅在于传拓水平高低带来的拓片精粗之分。画像砖、铜镜、瓦当、肖形印这几类，均是翻模、压模后埏烧或浇铸而成，雷同之物甚多。故在画像砖、铜镜、瓦当、肖形印中，出土地不同或时间早晚不同而拓片图像雷同之现象颇为常见，区别也仅在于传拓水平的高低带来的拓片精粗之分。画像石、画像砖、铜镜、瓦当、肖形印的拓片图像质量除了上述区别外，其共同之处就是，经过岁月的淘洗，一来画面的完整与残缺不尽相同，二来留存的图像本身的信息多寡不尽相同。

本图典的彩绘图像指壁绘、帛绘、漆绘、器绘（石、陶、铜、木）等，主要来自实物拍摄和出版物。今天所见的这些彩绘图像均来自地下墓葬，是汉代人留下的画绘实物，也是我们今天能看到的汉代人的画绘原作。因是附着于各类物体的表面，在地下环境中经历了几千年，仅有极少量（如少量漆绘作品）还能保留原初形象，其余大量只能用"残留"二字来形容。其质量的评定与画像石相似。但色彩保存的程度和绘制技法的特色，是彩绘图像特别重要的质量标准。

四、图像的选用

赏心悦目的画面，总是为受众所喜爱。本图典选用图像的标准，毫无疑问是质量好、保存原有信息量多。在这一总的原则下，对以下几类图像做灵活处理。

1. 有学术价值者。即能说明某一社会内容或某一文化现象的稀有图像，因其稀缺，故质量不好也选用。

2. 有研究价值者。即保留了不同时期信息或不同内容信息的图像，即使重复，只要多一点信息也选用。

3. 有应用价值者。即于研究、创作有参考或启发作用的图像，即使有残缺或漫漶也选用。

4. 有重要说明作用者。例如同一图像出现在不同时期或不同地区，很好地印证了某一图像的分布时段或地域，这种图像无论好坏多寡均选用。

五、图像的识别原则

图像的识别主要有以下两个原则。

1. 择善从之。经中外历代学者的努力，汉画图像的识别已有相当的学术积淀。择善从之主要表现在两个方面：一是选择有依据者，即有汉代文字题记或三国以前的文献记载者;二是"从众",即接受学术界认同的或业界共同认知的。

2. 抛砖引玉。即对某些尚有争议或尚需进一步证明的认知,编者依据自己的学术判断来选用。这主要集中在本图典一些图像的内容、名称的判断上和一些门类的设立上。抛砖引玉就是不藏拙、不避短,将自己不成熟、不完善的认知作为学术靶子让同仁批评,最后求得学术和事业的发展。这样做于己于众均是好事。中国汉画中有太多至今让人不得其义的图像,只有经过学术的有的放矢的争辩,才能使真理越辩越明,最后达到精准识别之目的。

六、关于《丹青笔墨》卷

《丹青笔墨》卷为本图典的特辑,即其编写体例独特,与前几卷不完全相同。其原因一是时间紧迫,来不及收集更多资料,只就手中现有资料进行编写,以应目前此类出版物稀缺之急。二是仅仅一卷两册的篇幅,远远不能反映出汉代画绘应有的面貌(至少要编成六卷,才基本可以达到一定的量,才能较好地分类)。三是该卷中许多图像来自出版物,质量差强人意,只能勉强用之。即使如此,该卷也是目前将汉代画绘材料解析得最清楚、最详尽者。当然,其中也有不少地方分类不清晰,定位不精准。这些不足体现了编者目前的认知水平,也多少反映了今天学术界、考古界认知的基本情况。更深的认识,有待于今后的学习,以及考古发掘和研究成果的出现。

毕善其事是我们的初衷,但鉴于时间、条件、能力等方面的限制,不能尽善,材料的遗漏不可避免,甚至"网漏吞舟之鱼"也并非不可能。这些遗憾,我们会在今后的修订版中弥补。即使如此,我们还是深信这套大图典的出版会给读者或使用者带来一些惊喜和满足。首部《英语大词典》的编撰者,18世纪英国诗人、作家塞缪尔·约翰逊有一句妙语:"词典就像手表,最差的也比没有好,而最好的又不见得就解释对了。"对一个词典的编者来说,这句话不能再好地表达他的全部感触了。

序　言

一

汉画是中国两汉时期的艺术，其所涵盖的内容主要是两部分：画绘（壁绘、帛绘、漆绘、色油画、各种器绘等），画像砖、画像石、铜镜、瓦当等雕塑作品及其拓片。

汉画反映的是中国前期的历史，时间跨度从远古直至两汉，地域覆盖从华夏故土辐射到周边四夷、域外多国。两汉文化是佛教刚传入中国但还未全面影响中国以前的文化，即两汉文化是集中华固有文化之大成者。汉画内容庞杂，记录丰富，特别是其中那些描绘神话传说、历史故事、生产活动、仕宦家居、社风民俗等内容的画面，所涉形象繁多而生动，被今天许多学者视为一部形象的记录先秦文化和秦汉社会的百科全书。作为对中华固有文化的寻根，汉画研究是一种直捷的方式和可靠的形式。正因为如此，汉画不仅吸引了文物考古界、艺术界，也吸引了历史、哲学、宗教、民俗、民族、天文、冶金、建筑、酿造、纺织等学科和专业的注意。

汉画的艺术表现，是汉代社会的开拓性、进取心在艺术上的一种反映，是强盛的汉帝国丰富的文化财产的一部分。汉画艺术不是纤弱的艺术，正如鲁迅所说，是"深沉雄大"的；汉画的画面充满了力量感，充满了运动感。汉画艺术并非形式单一，而是手法多样，形态各异。汉画中的画像砖、画像石、铜镜、瓦当等，不仅有线雕、浮雕、透雕和圆雕作品，还有许多绘塑结合、绘刻结合的作品；汉画中的画绘如壁绘、帛绘、漆绘、陶绘等，不仅包含各种线的使用方法，还有以色为主、以墨为主，甚至用植物油调制颜料直接图绘的方法和例子。汉画不是拘泥于某一种表现样式的艺术，在汉画里，既有许多写实性强的作品，更有许多夸张变形、生动洗练的作品。汉画继承了前代艺术的传统，并使之发扬光大，以其成熟、丰富的形式影响后代。看汉画，可以从中看到中国艺术传统的来龙去脉。如画像砖、画像石、铜镜、瓦当等雕塑作品，从中既能看到原始人在石、骨、玉、陶、泥上雕镌塑作的影子，也能看到商周青铜器上那些纹饰块面的制作手段。汉以后一些盛极一时的雕塑形式中，许多地方就直接沿用了汉代画像砖、画像石、铜镜、瓦当中的技法。看汉画，也能使人精神振奋，让人产生一种对博大精深的中华文化的自豪感。若论什么是具有中国风貌和泱泱大国气派的美术作品，汉画可以给出确切的答复。事实上，在今天的美术创作和美术设计中，汉画中的形象、汉画的表现手法随处可见。

二

关于汉代美术的独特地位，唐代张彦远《历代名画记》明确说及："图画之妙，爰自秦汉，可得而记。降于魏晋，代不乏贤。"郑午昌《中国画学全史》对此做了进一步的说明："中国明确之画史，实始于汉。盖汉以前之历史，尚不免有一部分之传疑；入汉而关于图画之记录，翔实可征者较多云。"这些议论都是关于绘画的，特别是指画家而言。但仅这一点，即汉代有了以明确的画家身份出现在社会中的人，就喻示了汉代绘画已摆脱了绘器、绘物这种附属或工匠状态。当然，汉代美术的独特地位不仅仅是指绘画的"可得而记"，而应包括美术各个门类的"可得而记"。汉代以前，美术处于艺术特性与实用特性混交的状态，汉代结束了自原始社会以来的这种美术附属于工艺的混交状态，包括工艺美术自身在内的许多独立的艺术门类，如绘画、雕塑、书法、建筑以及书论等等，都以一种不同于别的美术品类的形式出现。而一种独立的美术品类的出现，必然内含了其特殊的创作规律和表现形式，以及相当数量的作品等。正因为如此，我们便可以在这个基础上对汉代美术进行逐门逐科的研究。汉代美术的独特性，也就被这些越来越深入的研究所证明。

汉代美术并不是一道闪电，仅在一瞬间照亮天地，光明就随之消失。刚好相反，汉代美术一直光被后世，影响深远。汉代是中国美术发展史上的一个重要环节，它不仅对原始社会以来的美术从观念到技法进行了一次清理和总结，而且在继承的基础上给予了发展。正如汉代在中国社会的发展史上是一个重要的转折时期，汉代在中国美术的发展史上也是一个重要的转折时期。就画绘而言，且不论已有的各种笔法，只就汉武帝创"秘阁"，开皇家收藏先例，汉明帝置尚方画工、立"鸿都学"为画院之滥觞，蔡邕"三美"（赞文、书法、画技）已具中国画"诗、书、画"三元素而论，就能使人强烈地感受到汉代美术开了一代新风。

三

汉代曾有一大批专业画家和仕人画家，绘制了大量作品，或藏于内宫，或显扬于世间。可惜的是，两汉四百余年皇家的收藏和专业画家的作品均毁于兵燹，至唐时，已如吉光片羽，极为罕见。今天我们看到的汉代画绘实物基本上出自墓葬，因此我们今天所说的汉画，不是一般意义上的艺术，而是陵墓艺术。由此可得出汉画有别于其他艺术的两大特点：一是反映丧葬观念，二是反映流行于世的思想。

汉代人的丧葬观念，简而言之就是建立在极乐升仙和魂归黄泉思想基础上的"鬼犹求食""事死如事生"的信念，即是说对待死人如对待活人一般，让死人在神仙世界或黄泉世界得到在人世间已得到或未得到的一切。汉代流行于世的思想主要有祖先崇拜、天人之际、阴阳五行、今文经学、谶纬之学、建功立业、忠义孝行等等。除了衣食住行之需外，流行思想也普遍地出现在汉代墓葬中。汉墓中能体现丧葬观念和流行思想的，即我们通常所说的祭祀和血食两大内容。祭祀和血食在帝王陵中体现为在陵上修建陵庙（放置有祭祀用品，壁间满绘祭祀内容的图画）和陵寝（备有一切生活用品和奴仆的楼阁），在有地位的贵族的墓冢中则以修造墓祠来体现。汉代的陵庙、陵寝和绝大多数墓祠为木构建筑，早已荡然无存，至今只有极少的石质墓祠保留下来。祭祀和血食这两大内容便可从这些实物中得到证明。如现存较完整的山东长清孝堂山郭巨石祠，祠中满布石刻浮雕，画像内容主要为神话传说、历史故事和生活场景，即祭祀和血食两大部分。从目前发现的画像石墓来看，墓主人的官秩没有超过二千石的，都是中等财力或中等财力以下者，估计是因社会地位不高或财力不足而不能立墓祠。但墓主人又深受当时社会墓葬习俗的影响，出于对祭祀内容与生活内容的迫切需要，只好在墓内有限的地方用简略而明确的方式来表达这一愿望，即将祠庙的图绘部分直接搬来，又将陵寝的实物部分搬来，并表现为图绘形式。从现在的汉画出土情况来看，这些东西不能看成汉代艺术的上乘之作，只能看作民间艺术，或者是来源于专业画家粉本的非专业画家的作品。因此，汉画中反映的内容和题材，有很大一部分是流行于民间的思想，不能尽用史书典籍去套。如青龙、白虎、朱雀、玄武本是守东、西、南、北四方的天神，它们的图像多被视为代表某一方位。但在汉画中，它们不一定表示方位。汉代吉语中所谓的"左龙右虎辟不羊（祥）""朱雀玄武顺阴阳"，可能才是图绘它们的真正含义。许多墓葬中青龙、白虎、朱雀、玄武的位置也说明了这一点。

四

从保存现状来看，汉画里雕刻类作品总体上比画绘类作品保留得完整，在数量上也大大超过了它们。因此在汉画的研究或使用中，总是以画像砖、画像石等为主。今天所说的汉画，在相当大的范围内指的是画像砖、画像石。

画像砖几乎遍及全国各地，其主要分布在陕西、河南、川渝地区（四川、重庆）。画像砖艺术是许多图样的源头，体现在陕西画像砖里；其发展中的重要转折，体现在河南画像砖中；而其集大成者，则体现在川渝画像砖上。中国古代的许多图样往往起于宫中，再流入民间，继而风行天下。陕西秦汉宫室和帝王陵墓中画像砖上的许多图样，也是两汉画像砖上许多图样的最早模式。河南画像砖中，以洛阳画像砖为代表的粗犷、豪爽风格和以新野画像砖为代表的精美、劲健风格，给人的艺术感受最为强烈。川渝画像砖以分布地域广、制作时间成系列、反映社会内容丰富、艺术手法生动多样为特色。

画像砖不因材质的不同而形成各地区的不同风格和特征，而是出现了由尺寸及形状不同而产生的不同的画面处理。这些画面处理为后代积累了许多艺术创作原理方面的经验和相应的技法。如秦、西汉大空心砖，一砖一图或一砖多图，或以多块印模反复印制同类图形后再组合成一个大的画面。河南南阳和川渝地区的方砖、条砖则因尺寸小而主要是一砖只表现一个主题或情节。在这些画像砖上，尤其是川渝地区的画像砖上，线雕与浮雕更精细，构思更巧妙，阴线、阳线、浅浮雕、中浮雕的运用和配合更熟练，更有变化。正如汉瓦当圆形内是成功的、饱满的构图一样，川渝地区在不同尺寸的方砖、条砖乃至砖棱上，都能巧妙地创作出主题明确而又生动的画面。在画面的多种构思上，川渝画像砖成就尤为突出。

画像石分布在山东、河南、四川、重庆、江苏、陕西、山西、安徽、湖北、浙江、云南、北京、天津、青海等十余个省市。其中以山东、河南南阳、川渝地区、陕西榆林（陕北）、江苏徐州五个区域密度最大，数量最多。

山东是升仙思想的发端地之一，多方士神仙家。山东又是儒家的大本营，先后出了孔子、孟子、伏生、郑玄等在儒学发展史上开宗立派、承上启下、集时代之大成者，还有以明经位至丞相的邹人韦贤、韦玄成父子。山东画像石多经史故事和习经内容，也多西王母等神仙灵异内容，正是汉时山东崇儒求仙之风的生动写照。山东画像石多使用质坚而细的青石，雕镌时以凝练而精细的手法进行多层镌刻，雕刻技法多样，高浮雕、中浮雕、浅浮雕、透雕都能应用得恰到好处。山东画像石以数量多、内容丰富、可信年代者延续有序、画面精美复杂、构图绵密细微为世所重。

《后汉书·刘隆传》曰："河南（洛阳）帝城多近臣，南阳帝乡多近亲。"说明河南南阳在东汉时期是皇亲国戚勋臣的会集之地，也是皇家势力所控制的地区，崇奢者竞富，势在必然。光武帝刘秀起兵南阳得天下后，颁纬书于天下，《白虎通德论》又将谶纬思想融入钦定的儒家信条中。这种以天象、征兆来了解天意神谕，以荒诞的传说来引出结论的思想，弥漫天下。我们今天看到的南阳画像石，多天象、神异和男女侍者等内容，对东汉时帝王、权贵的生活和思想，尽管不是直接反映，但起码也是当时南阳世风的反映。南阳画像石多使用质坚而脆的石灰石，雕镌时使用了洗练、粗犷的手法，主题突出，形象鲜明。画像造型上，南阳画像石上的人物除武士外，一般都较典雅、沉稳、恭谨；动物和灵异因使用了夸张变形的表现手法而显得生动活泼、多姿多态，颇有呼之欲出之势。

川渝地区，从战国到秦汉，一直被当时的政权作为经济基地来开发。秦时都江堰水利工程的建成，更使蜀地经济实力得到增强。正因为有了这个殷实的经济后方，不仅"汉之兴自蜀汉"（《史记·六国年表》），秦得天下也是"由得蜀故也"（《蜀鉴》）。

画像砖、画像石的生产、交换题材，集中出现在川渝地区，如"市井""东门市""采盐""酿酒""采桑""借贷""交租""收获""采莲""捕鱼""放筏""播种""贩酒"等，既反映了汉时川渝地区蓬勃发展的经济，也反映了川渝地区在秦汉两代是经济后方的事实。川渝画像石对汉代俗文化的反映是很典型的，举凡长歌舞乐、宴饮家居、夫妻亲昵等多有所表现。川渝画像石多使用质软而粗的砂石，雕镌时注重体量，浮雕往往很高，风格粗放生动，尤其以彭山江口崖墓富于雕塑语言表达的高浮雕、乐山麻浩崖墓画面宏大的中浮雕等崖墓石雕，以及一些石阙、石棺浮雕最有代表性。

陕北画像石的内容，较少出现别的地区常有的历史故事，也未见捕鱼、纺织等题材，而是较多反映了边地生活中的军事、牧耕、商业等内容，以及流行于汉代社会的神仙祥瑞思想。这正反映了陕北在出现画像石的东汉初中期，商人、地主、军吏成为此地主要的富有者和有权势者。陕北画像石生动地反映了这些文化素养不高又满脑子流行思想（升仙、祥瑞）的人的追求。陕北画像石使用硬而分层的页岩（沉积岩），不宜做多层镌刻，图像呈剪影式，再辅以色彩来丰富细节。在形象的处理上，不追求琐碎的细节；在处理各种曲线、细线和一些小的形象时，多采用类似今天剪纸中"连"的手法，一个形象与一个形象相互连接，既保证了石面构架的完整，又使画面显得生动丰富。平面浅浮雕基本上是陕北画像石采用的唯一一种表现手法，因此陕北画像石是将一种艺术形式发挥得淋漓尽致的典型例子。华美与简朴，纤丽与苍劲，流畅与涩拙，都由这一手法所出，表现得非常成功。一般来说，反映农耕牧业等生产内容的画面，往往都刻得粗犷、简练；反映狩猎、出行等官宦内容的画面，往往都刻得生动、活泼；反映西王母、东王公、羽人、神人、神兽等神仙祥瑞的画面，往往都刻得细腻繁复，尤其是穿插其间的云气纹、卷草纹等装饰纹样，委婉回转，飞动流畅，极富曲线之美。在辅之以阴线刻、线绘（墨线与色彩线）、彩绘（青、白、绿、黑等）这些艺术手段后，完整的汉代画像石墓往往表现出富丽华贵之气。从总体上看，极重装饰美这一点，在陕北画像石中表现得最为突出。

徐州在汉代是楚王封地，经济发达，实力雄厚。20世纪50年代以来，先后发掘的几座楚王墓，都是凿山为陵、规模宏大的工程，真可雄视其他王侯墓。这种气度和风范在画像石中，主要体现为对建筑物的表现和巨大画面的制作。这些建筑多是场面大、组合复杂、人物众多的亭台楼阁、连屋广厦，均被表现得参差错落、气势非凡。加上坐谈、行走、宴饮于其中的人物，穿插、活动于其中的动物和神异之物，既使画面生动有致、热闹非凡，也真实地反映了汉代徐州地区的富庶和权贵们生活的奢侈。徐州画像石与南阳画像石一样，多用质坚而脆的石灰石；不同的是，徐州画像石中有一些面积较大的石面，雕镂出丰富庞杂的画面。这种画面中，既有建筑，也有宴饮，还有车马出行、舞乐百戏等宏大场面。在这些大画面的平面构成上，人物、动物、灵异、建筑、藻饰等的安排密而不塞，疏而不空，繁杂而有秩序层次，宏大而有主从揖让。

无论是画像砖还是画像石，最后一道工序都应是上色和彩绘。细节和局部，正依赖于这一工序。一些砖、石上残留的色彩说明了这个事实。如陕北榆林画像石上有红、绿、白诸色残留，四川成都羊子山画像石上有红、黄、白诸色残留，河南南阳赵寨画像石上有多种色彩残留，等等。精美而富于感情的"文"，是今天借以判断这些砖、石审美情趣的依据，可惜已失去了。今天能看到的画像砖、石，大都是无色的，仅仅是原物的"素胎"和"质"，即砖、石的本色。岁月的销蚀，使这些砖、石从成品又回到半成品的状态。用半成品来断定当时的艺术水准并不可靠，仅从"质"出发对汉代艺术下判断也往往失之偏颇。半成品用来欣赏，给观众留下了足够的余地，给观念的艺术思维腾出了广为驰骋的天地。观众可用今天的审美观、今天对艺术的理解和鉴赏习惯，运用自己丰富的想象力，去参与这种极为自由的艺术创作，去完成那些空余的、剩下的部分。引而不发的艺术品，更能使人神思飞扬。这也是今天对画像砖、画像石的艺术性评价甚高的原因。汉画像的魅力就在于此。

画像砖、画像石作为一种特殊的艺术品，所依托的是秦汉的丧葬观念。秦汉王朝的兴衰史，也是画像砖、画像石艺术从发达到式微的过程。从这个意义上讲，画像砖、画像石艺术是属于特定时代的艺术。但是，画像砖、画像石所积累下的对砖、石这两种材料的各种应用经验，积累下来的在砖、石上进行创造的法则和原理，则通过制作画像砖、画像石的工匠们口手相传，流入后代历史的江河中。且不论汉以后的墓葬艺术中还随时可看到汉画像的影子，就是在佛教艺术开龛造窟的巨大营造工程中，在具体处理各种艺术形象时，也处处可见汉画像的创作原理和技法的运用。画像砖、画像石艺术是汉代人用以追求永恒的一种形式，但真正得以永恒的并不是人，而是画像砖、画像石艺术自身。

五

所谓画像，就其本义来说是指拓片上的图像，即平面上的画，而不是指原砖、原石。中国对汉代这些原砖、原石的研究，几百年来基本上是根据拓片来开展的。而且，用拓片做图像学式的研究还主要是近一百年的事。

画像砖、画像石多为浮雕，本属三维空间艺术。拓片则是二维空间艺术。以二维空间艺术（拓片的画面）对三维空间艺术进行研究，即对画像砖和画像石的布局、结构、气韵、情趣等方面进行研究，是中国特有的一种研究方法。从今天的角度或今天所具有的条件来看，应赋予古人的这种方法以新的含义，即拓片的研究应是综合性的。这种综合性是随画像砖、画像石本身的特点而来的。例如画像石的制作，起码有起稿上石、镌刻、彩绘、拓印这四个环节。每一个环节都是一次创作或再创作，如起稿上石所体现的线的运动和笔意，镌刻所体现的刀法和肌理，彩绘所体现的随类赋彩和气韵，拓印所体现的金石味、墨透纸背的力量感和石头的拙重感，等等。这四个环节是从平面到立体，又从立体回到平面，这种交替创作发人深省。拓片的出现最初肯定是以方便为动机，后来拓片就成了艺术的一种形式而被接受，这正体现了中国传统美学对艺术朦胧、得神、重情的一种要求。

拓片是我国特有的艺术工艺传拓的作品。汉画拓片，主要指汉代画像砖、画像石的拓片。这些拓片不是原砖塑、原石刻的机械、刻板的复制品，而是一种艺术的再创作。好的拓片不仅能将雕镌塑作的三维作品忠实地转换成二维图形，而且能通过传拓中所采用的特殊方法，在纸面上形成某些特殊的肌理或凹凸，使转换成的二维图形具有浓浓的金石韵味。拓片实质上是一种特殊的艺术品。正如所有的艺术品都有高低优劣之分，拓片也有工拙精粗之分。拓印粗拙的所谓拓片，既没有忠实记录下原砖、石上的图像信息，也没有很好地传达出原砖、石上特有的艺术韵味。这种所谓的拓片，就像聚焦模糊的照片，看似有物，实则空无一物，是废纸一张。而好的拓片历来被学者和艺术家所看重，而且往往成为他们做出一些重要学术判断的依据或提高艺术表现的借鉴。许多艺术家就是根据好的拓片创作出一些精彩作品的。

今天，汉代墓室画绘，汉画像砖、画像石的原砖、原石及其拓片，铜镜、瓦当及其拓片等汉代图像资料，被广泛地应用于多学科的研究和各类艺术创作实践中。古老的汉画，因其新的作用和特有的魅力，实现了自身的蜕变和升华，成为我们新时代文化构成的重要部分。

顾　森

2021 年 12 月 15 日

目 录

汉代画绘述要 ………………………………………… / 1

帛绘 ………………………………………… / 11

漆绘 ………………………………………… / 89

    图像 ………………………………………… / 91

    藻饰 ………………………………………… / 165

器绘 ………………………………………… / 239

    石器绘 ………………………………………… / 241

    陶器绘 ………………………………………… / 260

    铜器绘 ………………………………………… / 268

    木器绘 ………………………………………… / 280

其他 ………………………………………… / 283

汉代画绘述要

一

在考察汉代画绘时，不难发现一个不无遗憾的事实：凡见于文献记载的画绘作品（应为最重要的和水平最高的）全部失传，并且历经汉代本身及三国、两晋、南北朝的多次战乱和浩劫，最迟在唐宋之际就荡然无存。而幸存至今的所有汉代画绘遗品（其绝大部分为次要的和水平不太高的）几乎都不见文献记载，全部是依赖20世纪以来的田野考古从地下获得的。因此，汉代画绘在理论上可截然分为虚、实两大类：虚，即以文献为中心的画绘，简称史载画绘；实，即以出土文物为中心的画绘，简称遗存画绘。两者既泾渭分明，又虚实相生，互为印证，构成中国美术史研究中的奇特现象。痛失以文献记载为中心的汉代画绘，使我们只能从支离破碎的文字记录上凭借想象力构筑当时的宏伟图景；复得以出土文物为中心的汉代画绘，使我们有幸亲睹甚至作古千年的张彦远也未曾知晓的遗宝。

由此，它导致了汉代画绘研究中的两种基本方法：文献研究和实物研究。文献研究是在田野考古未传入中国前最为普遍的传统研究方法。研究者根据《史记》《汉书》《后汉书》《西京杂记》等文献典籍，得到一大堆由只言片语汇集而成的文字材料。这些材料大多是可信的，但它们主要记载宫廷画绘，对地方的和民间的画绘则语焉不详，更致命的弱点是所描绘的作品已不存实物。因此，实际上我们无法从中判断汉代画绘水平。实物研究主要依靠出土材料即遗存画绘。它的可视性使人对陌生的汉代画绘眼见为实。百闻不如一见，它所带来的真切视觉感受和审美体验是任凭文献说千道万所不能替代的。但是，遗存画绘只代表了汉代画绘最起码的水平和数量，远远不能反映汉代画绘所达到的高度的全貌。因此，仅仅依靠文献记载来论述汉代画绘，只能导致苍白干瘪、千篇一律的材料堆砌；而零散的地下发掘物又不足以反映出汉代画绘的宏大博深。真正的汉代画绘史只有在两者结合的基础上才能写就。文献研究的意义在于把握汉代画绘的发展脉络和宏观概要，实物研究的意义在于以生动的直观材料，使前者附以血肉。

二

存世的汉代画绘，简略地可分为五类：墓室壁绘，帛绘，漆绘，器绘，其他。

（一）墓室壁绘

1. 汉墓壁绘的发现

汉墓壁绘的发现，得益于西方近代考古学的东渐。从20世纪初至抗日战争结束（1945），日本人在辽宁省进行田野考古时，先后发掘了辽阳的迎水寺墓（1918）、大连营城子墓（1931）、南林子墓（20世纪40年代初）、北园1号墓（1943）及棒台子1号墓（1944）等汉魏壁绘墓，由此揭开了现代汉墓壁绘考古和研究的序幕。大致同期，河南洛阳旧城西八里窑（旧误为"八里台"）的一座西汉晚期空心砖壁绘墓，也在被盗掘时发现。

20世纪50年代至60年代，随着新中国考古事业的发展，在各地不断发现了更多有价值的汉壁绘墓，洞开了人们的眼界。其中较重要的发现有：河北望都两座东汉晚期大型砖室壁绘墓（1952—1956），山东梁山后银山壁绘墓（1956），内蒙古托克托闵氏壁绘墓（1956），河南洛阳烧沟西汉晚期61号壁绘墓（1957），江苏徐州黄山陇壁绘墓（1958），山西平陆枣园村壁绘墓（1959），河南密县打虎亭两座东汉晚期大型壁绘墓（1960—1961），辽宁辽阳棒台子和三道壕壁绘墓，等等。

20世纪70年代以来，又先后发掘了河北安平逯家庄壁绘墓（1971）、定县八里店壁绘墓（20世纪70年代），陕西千阳壁绘墓（1972），内蒙古和林格尔东汉晚期大型砖室壁绘墓（1972—1973），安徽亳县董园村两座壁绘墓（1973），河南洛阳西汉晚期卜千秋壁绘墓（1976）、洛阳金谷园新莽壁绘墓（1978）。

20世纪80年代，发掘了河南洛阳唐宫路东汉壁绘墓（1981），河南偃师杏园村东汉壁绘墓（1984），甘肃武威韩佐乡五坝山西汉壁绘墓（1984—1985），辽宁辽阳北园3号东汉壁绘墓（1986），河南永城柿园大型西汉壁绘墓（1986），山东济南市青龙山东汉晚期画像石壁绘墓（1986），陕西西安交通大学西汉壁绘墓（1987），内蒙古鄂托克旗西汉晚期壁绘墓（1988），等等。

20世纪90年代，发掘了内蒙古鄂托克旗巴彦淖尔凤凰山东汉壁绘墓（1990），河南洛阳机车厂东汉壁绘墓（1991），河南洛阳朱村东汉—曹魏壁绘墓（1991），河南偃师辛村新莽时期壁绘墓（1991），河南洛阳浅井头西汉壁绘墓（1992），甘肃张掖民乐东汉壁绘墓（1993），等等。

再加上广州西汉南越王墓及其他有壁绘的汉墓，20世纪以来，已发掘和已知的汉壁绘墓共计40座以上。

进入21世纪，在陕西、山东等地又发现多处汉代壁绘墓。如陕西旬邑县原底乡百子村东汉壁绘墓（2000—2001），四川中江塔梁子东汉壁绘墓（2002），陕西定边郝滩东汉壁绘墓（2003），陕西西安理工大学西汉1号墓（2004），陕西靖边杨桥畔东汉壁绘墓（2005），山东东平后屯西汉—新莽三座壁绘墓（2007），陕西西安曲江翠竹园西汉1号墓（2008），陕西靖边老坟梁汉代三座壁绘墓（2009），陕西靖边渠树壕东汉壁绘墓（2015），内蒙古乌审旗巴日松古敖包东汉壁绘墓（2015），等等。

汉墓壁绘可分为前后两期：前期为西汉至东汉早期，有广州西汉南越王墓、河南永城柿园大型西汉壁绘墓、甘肃武威韩佐乡五坝山西汉壁绘墓、河南洛阳旧城西八里窑西汉晚期空心砖壁绘墓、河南洛阳烧沟西汉晚期61号壁绘墓、河南洛阳西汉晚期卜千秋壁绘墓、山东东平后屯西汉—新莽三座壁绘墓、河南洛阳金谷园新莽壁绘墓、山西平陆枣园村壁绘墓、陕西千阳壁绘墓、陕西西安交通大学西汉壁绘墓、陕西西安理工大学西汉1号墓、陕西西安曲江翠竹园西汉1号墓、内蒙古鄂托克旗西汉晚期壁绘墓等处的壁绘；后期为东汉中、后期，包括其他所有汉墓壁绘。

2. 汉壁绘墓的分布

中国现存的汉壁绘墓，除广州南越王墓和四川中江塔梁子墓外，主要分布于北方地区，如甘肃、内蒙古、山西、陕西、河北、河南、山东、辽宁等省区。这些地区在当时正是北方的经济、文化中心或军事要塞。综合它们的分布点，可以将其划分为六个区域。

（1）晋豫鲁苏皖区：这是汉代经济、文化重地。前期的柿园、五坝山、西八里窑、烧沟、卜千秋、后屯、金谷园等八处壁绘墓，以及打虎亭、黄山陇、后银山、安徽亳县董园村等地的汉壁绘墓，均属此区。此区尤以洛阳及其周边的壁绘数量多、时间跨度大，因而最具研究价值。晋豫鲁苏皖区的西汉墓中，壁绘内容以升仙、神话故事和天象为主，少量的有历史故事和庄园、农耕题材。该区的东汉壁绘墓及本地流行的画像石墓，大多是纯石结构或砖石混合结构，而且壁绘和画像石往往混用。升仙的画面不见了。表现墓主人生前官宦经历和威仪、娱乐、宴饮的画面成为壁绘的主要内容。

（2）关中及其周边地区：由于西汉建都关中长安（今西安一带），关中地区遂成为西汉王朝政治、经济、文化的中心地区。西汉设有皇家画工制度，使当时技艺高超的画绘能手得以集中。这一历史背景促成关中地区多丹青妙手。根据《西京杂记·卷二·画工弃市》中所载，当时被斩于市的六个画工都是关中地区的人（杜陵毛延寿，安陵陈敞，新丰刘白、龚宽，下杜阳望，樊育）。西汉时关中一地的宫室等建筑上繁多、丰美的图绘，皇室及贵族们收藏的缣帛画绘，只能在史料记载中读到，其实物均因战火兵燹、岁月淘洗而消亡，不为今人所感知。但有一点可以肯定，即西汉关中地区的画绘体现了当时的最高水准。这一点从西安已出土的三座西汉墓室壁绘可看出一斑。位于此区边沿的旬邑百子村东汉墓中的壁绘也风貌独具。关中及其周边地区的壁绘，其内容除表现天象（二十八宿等）外，更多的是表现世俗生活中的行猎、宴饮、观舞乐等场景。此区壁绘体现了一种富贵之气。壁绘用色鲜亮，制作精致。

（3）冀中南区：该区处于农耕文化较发达的华北平原，有河北望都所药村、安平逯家庄、定县八里庄的四处汉代壁绘墓。冀中南区全是规模宏伟的多室墓，有大规模的车骑出行图、人物众多的大幅属吏图。它们是本区最富有特色的壁绘内容。

（4）长城沿线区：该区位于两汉边陲，主要包括内蒙古鄂尔多斯、鄂托克、和林格尔、托克托、杭锦及陕北榆林等地的壁绘墓。长城沿线区的汉墓壁绘，主要绘于墓室中室和东、西耳室。和林格尔1号墓的壁绘是本区最大的，同时也是迄今所见内容最丰富的汉墓壁绘。榆林一带的汉墓壁绘多以朱、黑等色直接绘于砖面上，内容主要为天象（二十八宿等）、车马、人物、建筑等，年代可能早至东汉中期。

（5）辽南区：该区中心地辽阳是东汉辽东郡治所，汉魏之际又是公孙氏割据政权统治的中心，未经东汉末战乱。该区的壁绘墓较为集中而完整，分布于今辽宁辽阳市北郊太子河两岸，主要有北园、棒台子、三道壕汉墓，还包括大连营城子墓。辽南区的壁绘直接绘于石面上，内容以车骑出行、百戏和宴饮等为主。

（6）河西区：河西走廊是著名的丝绸之路要冲和两汉通西域的要道，汉武帝在此新设有武威、张掖、酒泉、敦煌四郡。今在武威、张掖等地发现东汉晚期壁绘墓若干座。这些墓的墓制为多室砖券结构，壁绘简单，笔法拙而有力，内容也有独特之处。

3. 墓室壁绘的绘制过程

汉墓壁绘的绘制过程，大致可分为以下三种类型：

（1）用空心砖构筑的墓室。造墓之前，往往先在空心砖上粉底、编号，然后将其拼合起来，按照粉本图样于其上以墨勾轮廓，画出线条，再用矿物质颜料平涂或点色成画，最后根据设计方案按照编号砌成墓室。这种类型以洛阳卜千秋墓、烧沟61号墓、西八里窑汉墓为代表。

（2）用小砖构筑的墓室。这类墓室只能在建成以后，再粉底绘制壁绘。大部分汉墓壁绘都是这种类型，以和林格尔1号墓为代表。

（3）用石板构筑的墓室。这类墓室一般也是在建成以后再粉底绘制壁绘。但如果石板本身比较平整光滑，也常常不粉底而直接在石板上绘制壁绘。辽阳汉墓壁绘大都是这种类型。还有的是在凿空石山的整体石室墓中粉底绘壁绘，如商丘永城汉墓壁绘。

一般说来，第一种类型可以在地面上绘制，场地开阔，光线明亮，时间宽裕，画工可以较多地发挥技法，因此大多画得较为精美；第二、第三种类型则只能在地下完成，由于受墓室空间狭窄、光线微弱及入葬时间紧迫等不利因素的限制，画工难以施展技能，故大都画得较为简略草率，墓顶、墙脚、角落等部位尤甚，但幸好在这些地方绘制的都是壁绘内容的次要方面。

4. 墓室壁绘的技法

汉墓壁绘都以毛笔为工具，以墨和颜料为主要材料。使用化学性质稳定的朱、绿、黄、橙、紫、青、白等色的矿物质颜料，有的颜料中还掺和有胶质物，因而颜色经久不变，发掘时色彩还很鲜艳。在画绘技法上，汉墓壁绘发展了周秦至西汉早期宫廷壁绘上先墨线勾勒轮廓再平涂色彩的手法。前期的色彩更为瑰丽，用笔工细。至东汉晚期，出现大笔挥洒的写意法，以及不勾轮廓而直接施色的没骨法、单色线勾法和白描法。有的画面如望都1号墓壁绘中的属吏人物，还使用了能表现出质感效果的晕染法。在构图上，摆脱了周秦以来呆板的图案式横向排列的形式，开始讲究比例和透视关系。有的画面铺天盖地，满壁飞动，极力表现广阔的时空和盛大的场面；有的则均衡疏朗，无需背景，注重人物形象的刻画，精细描绘人物复杂而微妙的性格特征。甚至可以极言：以后中国画的各种技法都可在汉墓壁绘中找到渊源。

（二）帛绘

今天存世的汉代帛绘有二十幅，均出自20世纪50年代以来的考古发掘。这二十幅帛绘中，甘肃武威磨嘴子墓的三件属东汉时期，图像简略；山东临沂金雀山汉墓的三件（公元前140—前87年间下葬），其中一件较完整但图像已模糊，另两件为残片；广东广州南越王墓墓主为第二代南越王赵眜（公元前128—前117年间卒），此墓也有帛绘残片出土。

1972—1974年，湖南长沙马王堆西汉墓群被发掘。从马王堆1号和3号两座墓中共得帛绘十三幅。马王堆汉墓帛绘不仅年代早（绘制于公元前168年前后），而且多幅帛绘的图像清晰、内容丰富，是今天研究汉初画绘最重要的实物。在现已发掘的西汉初期墓葬中，马王堆汉墓是唯一一处具体下葬年代清楚、死者见于《史记》和《汉书》记载的墓地，从而为汉初这个重要历史阶段的画绘研究和整个帛绘发展的研究提供了可靠的断代标尺和审美标尺。

马王堆1号、3号墓各出一幅"T"形帛绘。根据两座墓中分别出土的遣策，当称其为《非衣帛画》。它们虽然具有与衣服相近的质料——丝织品，与衣服（尤其是当时死人所穿的对襟）相近的形状——"T"形，与衣服相近的作用——覆盖，但并非穿着用衣。非衣的作用是在灵堂高悬祭祀，出殡时在行列中高举招魂，入葬时覆在棺盖上安魂并引魂升天。东汉时期，旌幡帛绘的内容简化，以至于省略画面，变成旌铭，再变异为今天的祭帐，神巫内容和人间内容在帛绘上完全消失。东汉末年，随着竖穴式木椁墓为砖室墓和石室墓所取代，帛绘完全消失，其功能被广为流行的墓室壁绘所取代。有趣的是，非衣帛绘的形式并没有随着墓室壁绘的取代而消失，反而变成一种壁绘的内容出现在墓室中。例如，在山东东平后屯M1新莽壁绘墓和陕西旬邑百子村东汉壁绘墓中，天门就被画成巨大的非衣似的"T"形。

马王堆非衣帛绘所绘内容，为天界、人间、冥界。非衣之外，尚有帛绘十一幅。《天文气象杂占图》《太一将行图》《卦象图》《毛人图》属巫术内容，《划船招魂图》反映墓主家族为其招魂场面，也属带巫术色彩的内容——此五件均可视为神巫内容帛绘。《车马仪仗图》《行乐图》《导引图》《丧制图》《城邑和园寝图》《建筑图》反映了墓主人生前的活动内容——此六件可称为人间内容帛绘。马王堆的十三件帛绘，以天界、冥界、人间、神巫几方面的内容，反映了汉初人对世界的认识，同时也让我们通过可视形象了解到汉初人们想象中的天界、冥界的具体内容。

帛绘是卷轴画的前身，它的制作工艺和绘制技艺直接泽被后世。

湖南长沙在马王堆汉墓帛绘发现前，已发现过战国时期的帛绘，即《龙凤仕女图》《人物御龙图》。从造型能力和对线描的控制能力两方面看，这两件作品已达到较高的水平。

马王堆帛绘的出土，解除了我们的许多疑惑。其中最重要的就是解除了我们对历史文献中对汉代画绘高超技艺描述的疑问。按照通常的规律，一个历史时期的艺术，其立体的雕塑和平面的画绘应处于相同的水准。看了秦始皇帝陵生动写实的兵马俑、文吏俑、动物俑，看了汉景帝阳陵生动写实的兵马俑、文吏俑、动物俑，我们本应相信秦和汉初的画绘在生动写实这点上，水准应是很高的。同时期的文献如《史记》《汉书》也提到了。但我们仍然质疑。看了马王堆出土帛绘的原件后，一切质疑冰释瓦解了。

从中国画绘史的角度来粗略划分，汉至唐这一时段人物画成就斐然，五代至宋元这一时段山水画成就斐然，明清时期花鸟画成就斐然。马王堆出土的十三幅帛绘上大量的人物图像，就能很好地传达出当时的艺术成就。例如，马王堆1号、3号墓分别所出的《非衣帛画》中墓主人轪侯夫人辛追的画像和第二代轪侯、辛追之子利豨的画像，既是中国目前发现最早的肖像画，也是这一时期肖像画的代表作。这两幅肖像画，不仅写实传神，更为重要的，是规定了中国肖像人物画的一些原则。如主大从小的原则、色分尊卑的原则、传神写照的原则等。这些原则不仅仅体现在后世肖像人物画的创作中，也体现在后世宗教神像的制作中。除墓主人的画像外，两件《非衣帛画》中描绘的那些男女侍从、幕僚、兵士、伎乐、术士、神人，以及龙、凤、马、鹿、羊、兔等动物灵异，也因各种笔法的描写而显得神气活现。

站在两千多年前汉初的画绘作品前，我们会因这些作品表现出的先人的高超技艺而感到自豪。同时又有一种失落感，那就是帛绘中那种元气淋漓、朝气勃勃的气象在今天的许多艺术作品中消失或淡化了。多看看汉画，或许能将阳刚大气之魂招回来。

（三）漆绘

在青铜器没落，瓷器尚未兴起之间，轻盈而华丽的漆器成为显示个人地位和品位的高级实用品。汉代是漆器发展和使用的一个高峰时期。除了制作技术高超外，汉代漆器精美的绘制效果亦令人叹为观止。

漆绘本属器绘一类，因其有特殊的工艺和存世量大，故单列为一类。

汉代的漆绘，就现在已出土的实物而论，表现出两大特点：

（1）主要出在南方地区。目前发现汉代漆绘的地区，有我国的湖南、湖北、安徽、江苏、四川、广东、广西、贵州、山东、甘肃等省区及朝鲜平壤的乐浪（汉时为乐浪郡）。其中山东、甘肃和朝鲜乐浪等地属北方地区，出土漆器数量少或仅有零星出土。其余皆为南方省区。这其中又以湖南、湖北、江苏三地为代表，出土的漆器数量多、品类多，且绘制精美悦目。湖南漆绘，以长沙马王堆三座汉初墓所出为主，长沙地区其他汉墓亦有零星出土。湖北漆绘，以江陵地区所出为主。江苏漆绘，以扬州地区汉广陵王墓及广陵王辖地汉墓所出为主。

（2）风格多样。以黑、红二色漆为素地，绘于器物上的图画风貌多样。日用器之漆绘，长沙马王堆汉墓的为鲜亮的黑红髹漆绘之代表，扬州广陵王墓的则为柔和的黄黑髹漆绘加金银镶嵌之代表。长沙马王堆汉墓的黑地漆棺、红地漆棺，因以油调和颜料绘制，而成色油画之代表。其余各地所出之漆绘，大致皆可归附于以上几类。

就艺术手法而言，汉代漆绘主要为两种形式：装饰性与画绘性。装饰性漆绘将生命体（如人神、牲畜、野兽、禽鸟、花草、林木等）和非生命体（如山、石、水、云、气等），通过整理或变形，纳入有秩序的、规范的线性体系内，形成整齐的赏心悦目的效果。画绘性漆绘则是通过自由的笔法，以油为调和剂，用符合描绘对象真实的或非真实的色彩搭配，来完成对生命体和非生命体的生动表现。

无论是装饰性还是画绘性，汉代漆绘展现的是色彩的世界，而且是高水准、自成体系的色彩世界。可惜中国艺术并未按此轨迹发展下去。汉以后，漆绘的画绘性渐次退隐，装饰性则越来越朝程式化的工艺性发展。原本在汉代漆绘里最耀眼的生动活泼这一灵魂，最终失去了。

（四）器绘

器绘主要指在器物如陶、木、铜、石等上的绘作，广泛出土于全国各地。在汉代，除极少的特殊物件如玉器外，大多器物都要涂绘赋彩。如今天见到的数量极多的汉代画像砖、画像石，在当时均为彩绘。今天我们见到的这种素色石、砖，皆为岁月淘洗的结果。就今天存世的实物而言，器绘一类中，画像砖、画像石并非大宗，陶器绘才是。陶器绘多见于瓶、罐、盘、奁等物及陶楼之表面。经此绘制，材陋值贱之物徒增华丽之气。再因陶质物吸水力强，陶绘上的笔触，遂出现后代宣纸上拙涩的笔意而另有天趣。

（五）其他

工艺品如织染品、刺绣品、镶嵌品等，制作时的粉本皆为图绘，故作为一种特殊形式归入画绘类。

三

画绘，在汉代发展为美术最重要的门类之一。在所反映的内容上，天界人间冥界、历史现实、天文地理、动物灵异等，无所不包。在作者构成上，出现了以宫廷画工为主体的专业创作队伍，并已有文士投身于绘事。在材料使用上，一切可利用的载体均被用于画绘。

中国画绘的基本表现形式，随汉代画绘的繁荣发展已大体完成。第一，出现帛绘、壁绘、陶绘、铜镜彩绘、彩绘篋、漆面罩绘、铜管绘、金银绘、石枕绘、贝壳彩绘等诸多类别，有漆彩、油彩、色彩、线描、墨绘等多种图绘方法，还尝试了各种工具、材料、载体，最终形成了以毛笔为基本工具，以墨为基本材料，以绢纸和素壁为基本载体的这一中国特有的画绘形式和传统。中国画最主要的形制之一的卷轴画的前身帛绘，也以工笔和着色的完美形式出现。第二，汉代画绘已形成中国画以线条造型的特点，讲究笔墨，通过笔墨状物传神，表现主观的审美情趣，不仅有铁线游丝等工稳、轻健的笔法，也有转折、起伏、粗细的笔法。第三，汉代画绘在中国画三大画种之一的人物画上取得引人注目的成就；以四神、熊、鹿、狐、兔和六畜为代表的动物画，以朱雀、凤鸟、鹤鹭、鹰鹑、雁鹄、雉鸦为代表的鸟禽画，也有相当大的成就，尤其汉人对马的理想形态的追求，使马超越单纯的乘骑工具而成为力量、速度、健美的象征；壁绘中出现的园林、山石，尽管多是民间画工所为而显得形态古拙，但与史载的专业或文士画家作品互为印证，可说明汉代时山水画已初具模样，并有了一定的表现力。第四，汉代画绘对于对象的观察认识，是在流动中，从多角度进行的。虽然已有对焦点、透视的认知，但不受焦点、透视那种由固定视点引起的视角局限性的制约，也不着眼于由特定光源而发生的明暗和色彩的变化，更不巨细无遗地描绘对象的全部外表征状，而是努力表现其显露在外而深藏在内的神韵。这一创作态度和创作实践，既符合庄子"凝于神"之说，又符合《淮南子》"君形"之论，而且经魏晋人的升华，便推出了"传神""移情"的境界，而成为中国艺术最重要的美学原则。

汉代画绘多方面的发展和完善，壮大了中国美术的雄厚基础，使其以后在外来佛教美术的冲击下，不是被击溃，而是去主动迎取、同化，从而得到更广博的发展。汉代以后，画绘便一直无可争议地成为中国美术史最主要的代表。从这些角度去认识汉代画绘在中国画绘及中国美术发展中的地位和作用，其意义不言自明。

帛绘

非衣帛画（整幅拍摄图） 西汉 文帝时（约前160）
湖南长沙马王堆辛追墓（1号墓） 帛绘

非衣帛画（局部拍摄拼接图） 西汉 文帝时（约前160）
湖南长沙马王堆辛追墓 帛绘

辛追墓出土《非衣帛画》线描图

帛绘

非衣帛画 西汉文帝前元十二年（前168）
湖南长沙马王堆利豨墓（3号墓） 帛绘

利豨墓出土《非衣帛画》线描图

帛绘 西汉 山东临沂金雀山汉墓 帛绘

金雀山汉墓出土帛绘线描图

非衣帛画(局部拍摄拼接图) 西汉文帝时(约前160)
湖南长沙马王堆辛追墓 帛绘

非衣帛画 西汉文帝前元十二年（前168） 帛绘
湖南长沙马王堆利豨墓

车马仪仗图　西汉文帝前元十二年（前168）　湖南长沙马王堆利豨墓　帛绘

帛绘

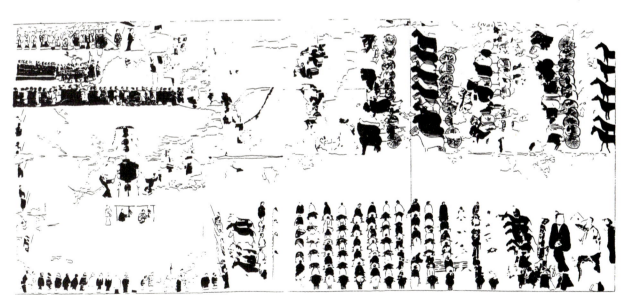

《车马仪仗图》线描图

帛绘

行乐图　西汉文帝前元十二年（前168）　湖南长沙马王堆利豨墓　帛绘

《行乐图》线描图

划船招魂图　西汉文帝前元十二年（前168）
　湖南长沙马王堆利豨墓　帛绘

《划船招魂图》线描图

导引图 西汉文帝前元十二年（前168） 湖南长沙马王堆利豨墓 帛绘

导引图（摹本）

帛绘

太一将行图 西汉文帝前元十二年（前168） 湖南长沙马王堆利豨墓 帛绘

辛追像（云纹绣衣及步摇头饰）
西汉文帝时（约前160） 湖南长沙马王堆辛追墓 帛绘

人间之辛追起居图 西汉文帝时（约前160） 湖南长沙马王堆辛追墓 帛绘

利豨像
西汉文帝前元十二年（前168） 湖南长沙马王堆利豨墓　帛绘

利豨头像
西汉文帝前元十二年（前168）
湖南长沙马王堆利豨墓　帛绘

帛绘

利豨行像　西汉文帝前元十二年（前168）　湖南长沙马王堆利豨墓　帛绘

人间之利豨家居图 西汉文帝前元十二年（前168） 湖南长沙马王堆利豨墓 帛绘

人间之利豨女侍从
西汉文帝前元十二年（前168）
湖南长沙马王堆利豨墓　帛绘

人间之利豨女侍从
西汉文帝前元十二年（前168）
湖南长沙马王堆利豨墓　帛绘

帛绘

人间之辛追起居　西汉文帝时（约前160）　湖南长沙马王堆辛追墓　帛绘

人间之辛追女侍从
西汉文帝时（约前160） 湖南长沙马王堆辛追墓 帛绘

人间之辛追男侍从
西汉文帝时（约前160） 湖南长沙马王堆辛追墓 帛绘

冥界之利豨女侍从　西汉文帝前元十二年（前168）　湖南长沙马王堆利豨墓　帛绘

《冥界之利豨女侍从》线描图

冥界之利豨女侍从（局部）
西汉文帝前元十二年（前168）
湖南长沙马王堆利豨墓　帛绘

帛绘

冥界之利豨女侍从（局部）
西汉文帝前元十二年（前168）　湖南长沙马王堆利豨墓　帛绘

冥界祭祀场面之辛追侍从　西汉文帝时（约前160）　湖南长沙马王堆辛追墓　帛绘

冥界祭祀场面之辛追侍从（局部）
西汉文帝时（约前160）
湖南长沙马王堆辛追墓　帛绘

冥界祭祀场面之辛追侍从（局部）
西汉文帝时（约前160）
湖南长沙马王堆辛追墓　帛绘

利豨登台图　车马仪仗图（两幅拼接图）（局部）　西汉文帝前元十二年（前168）　湖南长沙马王堆利豨墓　帛绘

拥盾步卒　车马仪仗图（局部）　西汉文帝前元十二年（前168）　湖南长沙马王堆利豨墓　帛绘

利豨登台图　车马仪仗图（局部）　西汉文帝前元十二年（前168）　湖南长沙马王堆利豨墓　帛绘

利豨从吏从宦　车马仪仗图（局部）　西汉文帝前元十二年（前168）　湖南长沙马王堆利豨墓　帛绘

利豨从吏从宦　车马仪仗图（局部）　西汉文帝前元十二年（前168）　湖南长沙马王堆利豨墓　帛绘

拥盾步卒　车马仪仗图（局部）　西汉文帝前元十二年（前168）　湖南长沙马王堆利豨墓　帛绘

拥盾步卒　车马仪仗图（局部）　西汉文帝前元十二年（前168）　湖南长沙马王堆利豨墓　帛绘

拥盾步卒　车马仪仗图（局部）　西汉文帝前元十二年（前168）　湖南长沙马王堆利豨墓　帛绘

拥盾步卒
车马仪仗图（局部）
西汉文帝前元十二年
（前168）
湖南长沙马王堆利豨墓
帛绘

拥盾步卒
车马仪仗图（局部）
西汉文帝前元十二年
（前168）
湖南长沙马王堆利豨墓
帛绘

利豨从吏　车马仪仗图（局部）　西汉文帝前元十二年（前168）　湖南长沙马王堆利豨墓　帛绘

利豨从吏　车马仪仗图（局部）　西汉文帝前元十二年（前168）　湖南长沙马王堆利豨墓　帛绘

利豨从吏　车马仪仗图（局部）　西汉文帝前元十二年（前168）　湖南长沙马王堆利豨墓　帛绘

利豨从吏　车马仪仗图（局部）　西汉文帝前元十二年（前168）　湖南长沙马王堆利豨墓　帛绘

利豨从吏　车马仪仗图（局部）　西汉文帝前元十二年（前168）　湖南长沙马王堆利豨墓　帛绘

人物与骑兵　西汉文帝前元十二年（前168）　湖南长沙马王堆利豨墓　帛绘

人物
西汉文帝前元十二年（前168）　湖南长沙马王堆利豨墓　帛绘

军乐仪式 西汉文帝前元十二年（前168） 湖南长沙马王堆利豨墓 帛绘

建鼓　西汉文帝前元十二年（前168）　湖南长沙马王堆利豨墓　帛绘

击鼓人 西汉文帝前元十二年（前168） 湖南长沙马王堆利豨墓 帛绘

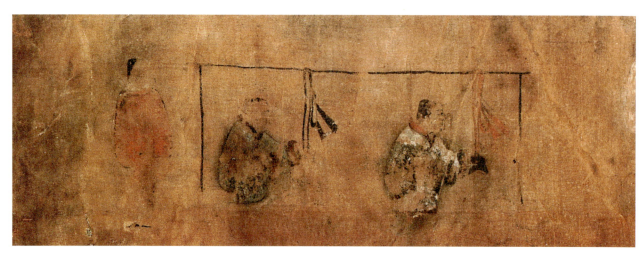

击铙击铎 西汉文帝前元十二年（前168） 湖南长沙马王堆利豨墓 帛绘

击铙
西汉文帝前元十二年（前168） 湖南长沙马王堆利豨墓　帛绘

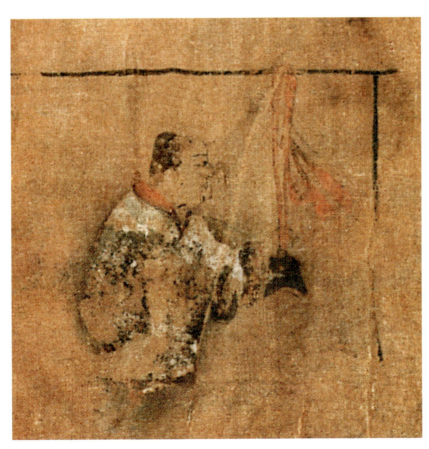

击铎
西汉文帝前元十二年（前168） 湖南长沙马王堆利豨墓　帛绘

导引图（局部） 西汉文帝前元十二年（前168） 湖南长沙马王堆利豨墓 帛绘

导引图（局部） 西汉文帝前元十二年（前168） 湖南长沙马王堆利豨墓 帛绘

导引图（局部） 西汉文帝前元十二年（前168） 湖南长沙马王堆利豨墓　帛绘

引胠积 导引图（局部） 西汉文帝前元十二年（前 168）
湖南长沙马王堆利豨墓 帛绘

引胠积（现状） 导引图（局部）
西汉文帝前元十二年（前 168）
湖南长沙马王堆利豨墓 帛绘

鹤舞 导引图（局部） 西汉文帝前元十二年（前 168）
湖南长沙马王堆利豨墓 帛绘

鹤舞（现状） 导引图（局部）
西汉文帝前元十二年（前 168）
湖南长沙马王堆利豨墓 帛绘

沐猴呼引炅中　导引图（局部）
西汉文帝前元十二年（前 168）
湖南长沙马王堆利豨墓　帛绘

沐猴呼引炅中（现状）导引图（局部）
西汉文帝前元十二年（前 168）
湖南长沙马王堆利豨墓　帛绘

虎扣引　导引图（局部）　西汉文帝前元十二年（前 168）
湖南长沙马王堆利豨墓　帛绘

虎扣引（现状）导引图（局部）
西汉文帝前元十二年（前 168）
湖南长沙马王堆利豨墓　帛绘

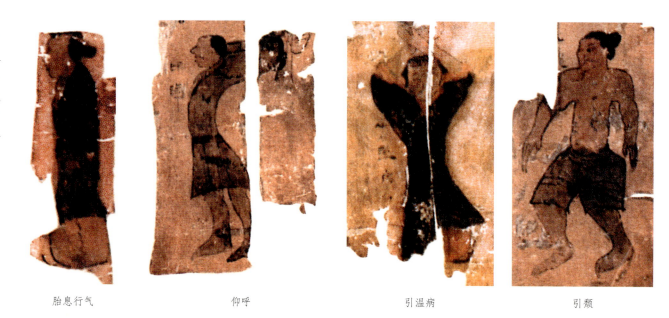

胎息行气　　　　仰呼　　　　引温病　　　　引颓

坐引八维　　　　引痹痛　　　　蝇悬

俛厥　　　　以杖通阴阳　　　　拱脊

导引图（局部） 西汉文帝前元十二年（前168） 湖南长沙马王堆利豨墓　帛绘

车骑阵列　西汉文帝前元十二年（前168）　湖南长沙马王堆利豨墓　帛绘

兵车阵列　西汉文帝前元十二年（前168）　湖南长沙马王堆利豨墓　帛绘

兵车阵列(局部)
西汉文帝前元十二年(前168)
湖南长沙马王堆利豨墓　帛绘

兵车阵列(局部)
西汉文帝前元十二年(前168)　湖南长沙马王堆利豨墓　帛绘

骑兵阵列 西汉文帝前元十二年（前168） 湖南长沙马王堆利豨墓 帛绘

帛绘

骑兵阵列 西汉文帝前元十二年（前168） 湖南长沙马王堆利豨墓 帛绘

骑兵阵列　西汉文帝前元十二年（前168）　湖南长沙马王堆利豨墓　帛绘

骑兵阵列（局部）　西汉文帝前元十二年（前168）　湖南长沙马王堆利豨墓　帛绘

骑兵阵列
西汉文帝前元十二年（前168）
湖南长沙马王堆利豨墓
帛绘

红衣单骑　西汉文帝前元十二年（前168）　湖南长沙马王堆利豨墓　帛绘

红衣单骑（局部）　西汉文帝前元十二年（前168）　湖南长沙马王堆利豨墓　帛绘

车马　西汉文帝前元十二年（前168）　湖南长沙马王堆利豨墓　帛绘

双骑　西汉文帝前元十二年（前168）　湖南长沙马王堆利豨墓　帛绘

天界　西汉文帝时（约前160）　湖南长沙马王堆辛追墓　帛绘

天界　西汉文帝前元十二年（前168）　湖南长沙马王堆利豨墓　帛绘

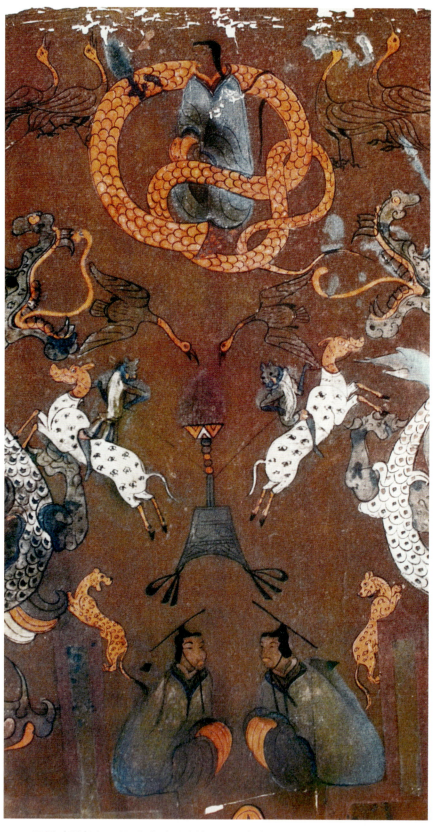

天界（局部） 西汉文帝时（约前160） 湖南长沙马王堆辛追墓 帛绘

女娲与众神异 天界（局部）
西汉文帝时（约前160） 湖南长沙马王堆辛追墓 帛绘

帛绘

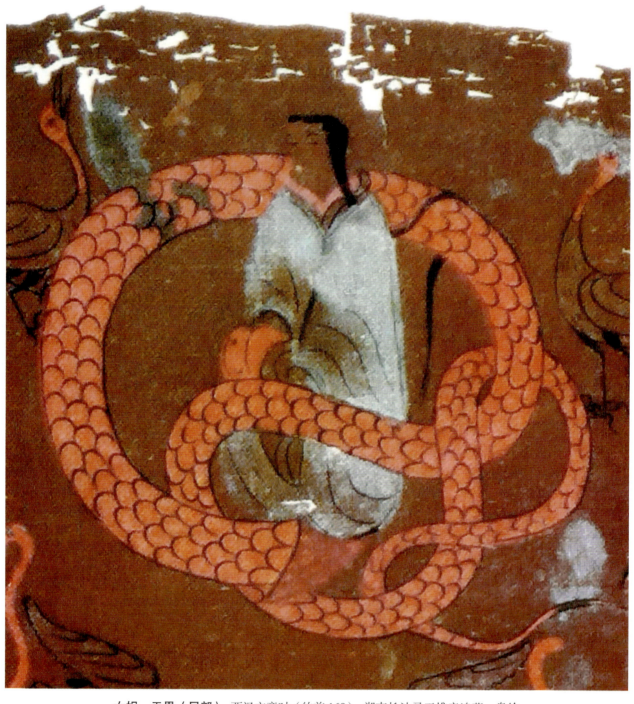

女娲　天界（局部）　西汉文帝时（约前160）　湖南长沙马王堆辛追墓　帛绘

月宫嫦娥与翼龙
西汉文帝时（约前160） 湖南长沙马王堆辛追墓 帛绘

奔月嫦娥 西汉文帝时（约前160） 湖南长沙马王堆辛追墓 帛绘

月宫　西汉文帝时（约前160年）　湖南长沙马王堆辛追墓　帛绘

月宫　西汉文帝前元十二年（前168）　湖南长沙马王堆利豨墓　帛绘

天界（局部） 西汉文帝时（约前160） 湖南长沙马王堆辛追墓 帛绘

扶桑树上的金乌　天界（局部）
西汉文帝前元十二年（前168）　湖南长沙马王堆利豨墓　帛绘

骑仙鹿神人　西汉文帝前元十二年（前168）　湖南长沙马王堆利豨墓　帛绘

骑仙鹿神人（右）　西汉文帝前元十二年（前168）　湖南长沙马王堆利豨墓　帛绘

骑仙鹿神人（左） 西汉文帝前元十二年（前168） 湖南长沙马王堆利豨墓 帛绘

守阍阖（天门）的帝阍　西汉文帝前元十二年（前168）　湖南长沙马王堆利豨墓　帛绘

守阍阖（天门）的帝阍　西汉文帝时（约前160）　湖南长沙马王堆辛追墓　帛绘

守阍阇（天门）的帝阍（左）
西汉文帝时（约前160）
湖南长沙马王堆辛追墓
帛绘

守阍阇（天门）的帝阍（右）
西汉文帝时（约前160）
湖南长沙马王堆辛追墓
帛绘

帛绘

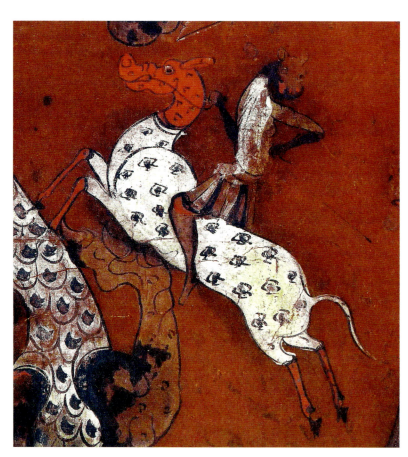

天界神异骑神兽图
西汉文帝时（约前160）
湖南长沙马王堆辛追墓　帛绘

天界神异
西汉文帝时（约前160）
湖南长沙马王堆辛追墓　帛绘

天界神异骑神兽图 西汉文帝时(约前160) 湖南长沙马王堆辛追墓 帛绘

帛绘

冥界 西汉文帝时（约前160） 湖南长沙马王堆辛追墓 帛绘

二龙穿璧之玉璧　西汉文帝时（约前160）　湖南长沙马王堆辛追墓　帛绘

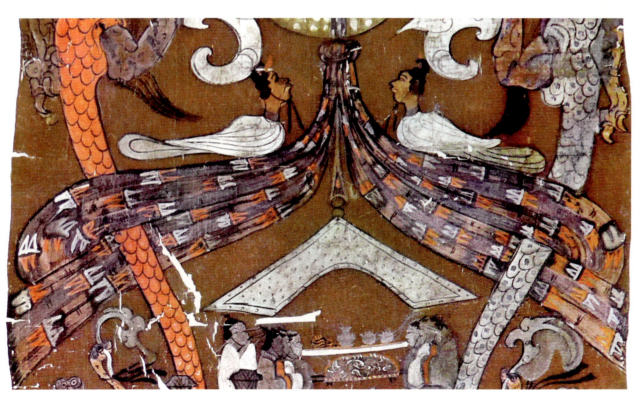

悬磬　西汉文帝时（约前160）　湖南长沙马王堆辛追墓　帛绘

帛绘

人首鸟身神异　西汉文帝时（约前160）　湖南长沙马王堆辛追墓　帛绘

人首鸟身神异（局部）　西汉文帝时（约前160）　湖南长沙马王堆辛追墓　帛绘

脚踩鳌鱼的举地巨人　　西汉文帝时（约前160）　湖南长沙马王堆辛追墓　帛绘

脚踩鳌鱼的举地巨人　　西汉文帝前元十二年（前168）　湖南长沙马王堆利豨墓　帛绘

巨人　西汉文帝前元十二年（前168）　湖南长沙马王堆利豨墓　帛绘

冥界神异

西汉文帝时（约前160）　湖南长沙马王堆辛追墓　帛绘

冥界神异

西汉文帝时（约前160）　湖南长沙马王堆辛追墓　帛绘

双龙图　西汉文帝时（约前160）　湖南长沙马王堆辛追墓　帛绘

龙头 西汉文帝前元十二年（前168） 湖南长沙马王堆利豨墓 帛绘

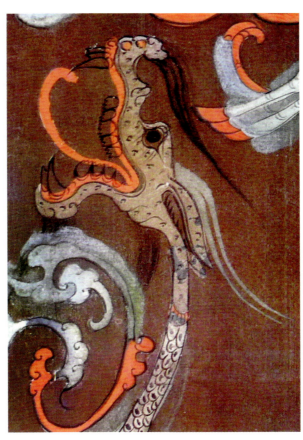

龙头 西汉文帝时（约前160）
湖南长沙马王堆辛追墓 帛绘

龙头 西汉文帝时（约前160）
湖南长沙马王堆辛追墓 帛绘

帛绘

翼龙　西汉文帝时（约前160）　湖南长沙马王堆辛追墓　帛绘

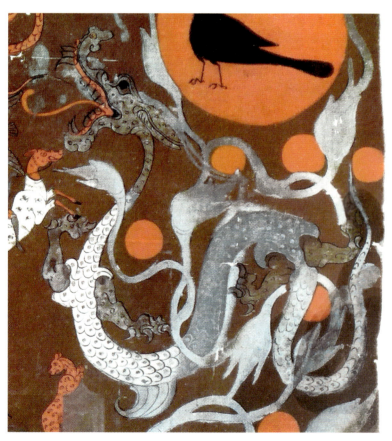

龙　西汉文帝时（约前160）　湖南长沙马王堆辛追墓　帛绘

豹　西汉文帝时（约前160）　湖南长沙马王堆辛追墓　帛绘

神豹　西汉文帝时（约前160）
湖南长沙马王堆辛追墓　帛绘

神豹　西汉文帝时（约前160）
湖南长沙马王堆辛追墓　帛绘

凤鸟　西汉文帝时（约前160）　湖南长沙马王堆辛追墓　帛绘

凤鸟　西汉文帝前元十二年（前168）　湖南长沙马王堆利豨墓　帛绘

凤鸟（局部）　西汉文帝时（约前160）　湖南长沙马王堆辛追墓　帛绘

凤鸟（局部） 西汉文帝时（约前160） 湖南长沙马王堆辛追墓 帛绘

凤鸟（局部） 西汉文帝前元十二年（前168） 湖南长沙马王堆利豨墓 帛绘

帛绘

神龟与鸮
西汉文帝时（约前160） 湖南长沙马王堆辛追墓 帛绘

神龟与鸮
西汉文帝时（约前160） 湖南长沙马王堆辛追墓 帛绘

鸮 西汉文帝时（约前160）
湖南长沙马王堆辛追墓 帛绘

鸮 西汉文帝时（约前160）
湖南长沙马王堆辛追墓 帛绘

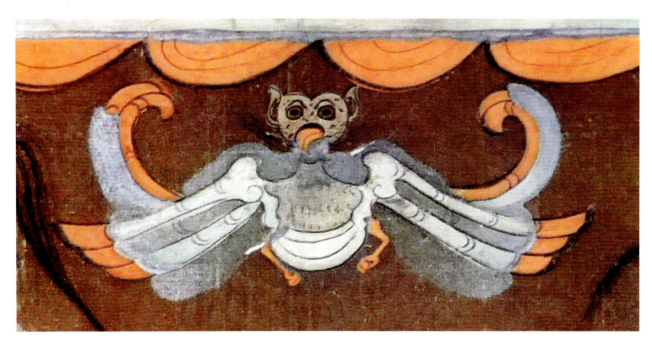

鸮 西汉文帝时（约前160） 湖南长沙马王堆辛追墓 帛绘

仙鹤 西汉文帝前元十二年（前168） 湖南长沙马王堆利豨墓 帛绘

仙鹤 西汉文帝时（约前160） 湖南长沙马王堆辛追墓 帛绘

仙鹤 西汉文帝时（约前160） 湖南长沙马王堆辛追墓 帛绘

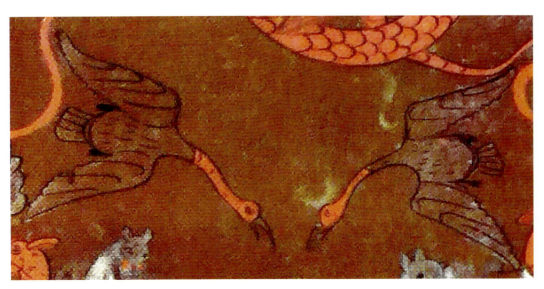

鸿雁 西汉文帝时（约前160） 湖南长沙马王堆辛追墓 帛绘

帛绘

玉兔
西汉文帝时（约前160）
湖南长沙马王堆辛追墓　帛绘

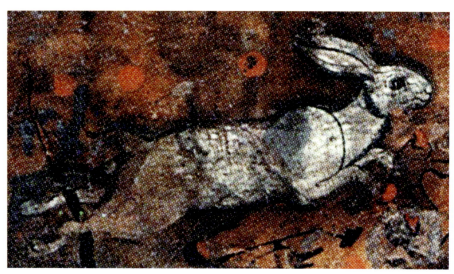

玉兔　西汉文帝前元十二年（前168）　湖南长沙马王堆利豨墓　帛绘

玉兔（局部）　西汉文帝前元十二年（前168）　湖南长沙马王堆利豨墓　帛绘

漆绘

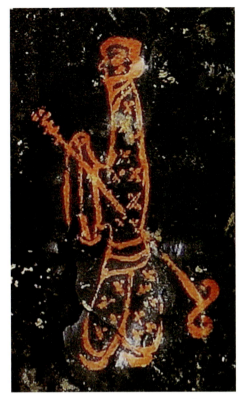

带剑人物　龟形器盾　西汉　　　　　　　　　人物　龟形器盾　西汉
湖北荆州凤凰山　漆绘　　　　　　　　　　　湖北荆州凤凰山　漆绘

人物　奁　西汉　湖南长沙砂子塘汉墓　漆绘　1941年出土

漆绘图像

人物 奁 西汉 江苏扬州广陵国墓葬 漆绘

孝子故事 汉 朝鲜平壤乐浪 漆箧绘 1931年出土

孝子故事　汉　朝鲜平壤乐浪　漆箧绘　1931年出土

狩猎　西汉文帝前元十二年（前168）　湖南长沙马王堆利豨墓　漆刻绘

狩猎者　狩猎（局部）　西汉文帝前元十二年（前168）　湖南长沙马王堆利豨墓　漆刻绘

漆绘 图像

射鸟图　西汉　江苏扬州博物馆藏　漆绘

云气弋射　汉　安徽潜山　漆绘

云气御虎图　汉　安徽潜山　漆绘

云气御虎图（局部）　汉　安徽潜山　漆绘

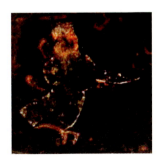

舞者　西汉
江苏南京博物院藏　漆绘

马技　西汉
江苏邗江西汉墓　漆绘

马技　西汉
江苏邗江西汉墓　漆绘

漆绘　图像

车骑 奁 西汉 湖南长沙砂子塘汉墓 漆绘 1941年出土

骑射 西汉
江苏扬州博物馆藏 漆绘

骑射 西汉
江苏扬州博物馆藏 漆绘

骑射 西汉
江苏扬州博物馆藏 漆绘

骑射　西汉
江苏扬州博物馆藏　漆绘

轺车　西汉
江苏邗江西汉墓　漆绘

西王母　银扣贴金盒　西汉
江苏扬州广陵国墓葬　漆绘

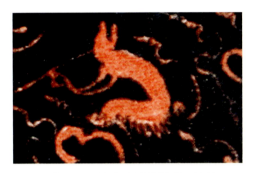
羽人　汉　甘肃省博物馆藏　漆绘

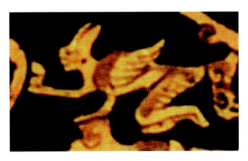
羽人　银扣贴金盒
西汉　江苏扬州广陵国墓葬　漆绘

羽人　西汉　江苏邗江西汉墓　漆绘贴金

羽人　西汉
江苏扬州博物馆藏　漆绘贴金

羽人　西汉
江苏扬州博物馆藏　漆绘贴金

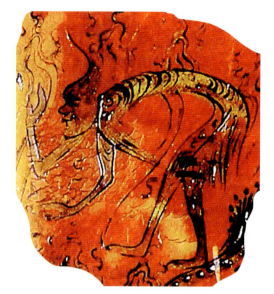

羽人　西汉　江苏仪征博物馆藏　漆绘

羽人　西汉　江苏仪征博物馆藏　漆绘

羽人　西汉　江苏邗江西汉墓　漆绘

神人　龟形器盾　西汉　湖北荆州凤凰山　漆绘

仙人图　红漆棺/平光　西汉文帝时（约前160）　湖南长沙马王堆辛追墓　漆绘

漆绘图像

云中神异之引弓神人　黑漆棺/侧光　西汉文帝时（约前160）　湖南长沙马王堆辛追墓　漆绘

云中舞者　云气舞乐（局部）　黑漆棺/平光
西汉文帝时（约前160）　湖南长沙马王堆辛追墓　漆绘

云中舞者　云气舞乐（局部）　黑漆棺/侧光
西汉文帝时（约前160）　湖南长沙马王堆辛追墓　漆绘

云气舞乐　黑漆棺/平光　西汉文帝时（约前160）　湖南长沙马王堆辛追墓　漆绘　早年摄

云气舞乐　黑漆棺/平光　西汉文帝时（约前160）　湖南长沙马王堆辛追墓　漆绘

漆绘图像

云气舞乐（局部） 黑漆棺/平光 西汉文帝时（约前160） 湖南长沙马王堆辛追墓 漆绘

云气舞乐（局部） 黑漆棺/侧光 西汉文帝时（约前160） 湖南长沙马王堆辛追墓 漆绘

羊首神兽鼓瑟舞铎　黑漆棺/平光　西汉文帝时（约前160）　湖南长沙马王堆辛追墓　漆绘

羊首神兽鼓瑟舞铎　黑漆棺/侧光　西汉文帝时（约前160）　湖南长沙马王堆辛追墓　漆绘

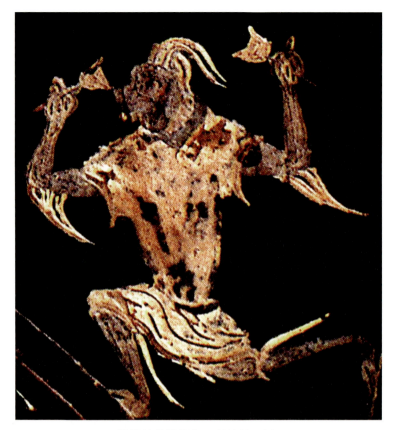

羊首神兽持铎舞 黑漆棺/平光
西汉文帝时（约前160） 湖南长沙马王堆辛追墓 漆绘 早年摄

羊首神兽持铎舞 黑漆棺/侧光
西汉文帝时（约前160） 湖南长沙马王堆辛追墓 漆绘

羊首神兽鼓瑟 黑漆棺/平光
西汉文帝时（约前160） 湖南长沙马王堆辛追墓 漆绘 早年摄

羊首神兽鼓瑟 黑漆棺/侧光 西汉文帝时（约前160） 湖南长沙马王堆辛追墓 漆绘

羊首神兽持拂舞　黑漆棺/平光　西汉文帝时（约前160）　湖南长沙马王堆辛追墓　漆绘　早年摄

羊首神兽持拂舞　黑漆棺/侧光　西汉文帝时（约前160）　湖南长沙马王堆辛追墓　漆绘

羊首神兽巾舞 黑漆棺/平光
西汉文帝时（约前160） 湖南长沙马王堆辛追墓 漆绘

羊首神兽巾舞 黑漆棺/侧光 西汉文帝时（约前160） 湖南长沙马王堆辛追墓 漆绘

漆绘 图像

羊首神兽击筑 黑漆棺/平光 西汉文帝时（约前160） 湖南长沙马王堆辛追墓 漆绘

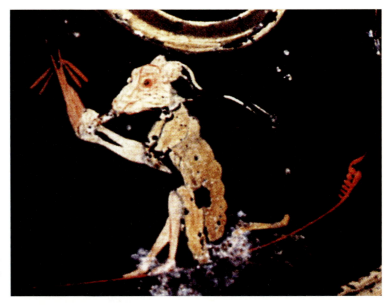

羊首神兽吹笙 黑漆棺/平光
西汉文帝时（约前160）
湖南长沙马王堆辛追墓 漆绘 早年摄

羊首神兽骑神兽 黑漆棺/平光 西汉文帝时（约前160） 湖南长沙马王堆辛追墓 早年摄

羊首神兽骑神兽 黑漆棺/侧光 西汉文帝时（约前160） 湖南长沙马王堆辛追墓 漆绘

羊首神兽捕鸟 黑漆棺/侧光 西汉文帝时（约前160） 湖南长沙马王堆辛追墓 漆绘

羊首神兽捕鸟 黑漆棺/侧光 西汉文帝时（约前160） 湖南长沙马王堆辛追墓 漆绘

羊首神兽乘云　　黑漆棺/侧光　　西汉文帝时（约前160）　湖南长沙马王堆辛追墓　漆绘

羊首神兽乘云　　黑漆棺/侧光　　西汉文帝时（约前160）　湖南长沙马王堆辛追墓　漆绘

漆绘 图像

羊首神兽乘云 黑漆棺/侧光 西汉文帝时（约前160） 湖南长沙马王堆辛追墓 漆绘

羊首神兽乘云（局部） 黑漆棺/侧光
西汉文帝时（约前160） 湖南长沙马王堆辛追墓 漆绘

羊首神兽持矛　黑漆棺/侧光　西汉文帝时（约前160）　湖南长沙马王堆辛追墓　漆绘

羊首神兽持物　黑漆棺/侧光　西汉文帝时（约前160）　湖南长沙马王堆辛追墓　漆绘

羊首神兽持物 黑漆棺/侧光 西汉文帝时（约前160） 湖南长沙马王堆辛追墓 漆绘

羊首神兽持物 黑漆棺/侧光 西汉文帝时（约前160） 湖南长沙马王堆辛追墓 漆绘

羊首神兽持物 黑漆棺/侧光
西汉文帝时（约前160） 湖南长沙马王堆辛追墓 漆绘

羊首神兽持物（局部） 黑漆棺/侧光
西汉文帝时（约前160） 湖南长沙马王堆辛追墓 漆绘

羊首神兽持物 黑漆棺/侧光 西汉文帝时（约前160） 湖南长沙马王堆辛追墓 漆绘

漆绘图像

羊首神兽持物　黑漆棺/侧光　西汉文帝时（约前160）　湖南长沙马王堆辛追墓　漆绘

羊首神兽引弓待射　黑漆棺/侧光　西汉文帝时（约前160）　湖南长沙马王堆辛追墓　漆绘

羊首神兽牵牛　黑漆棺/侧光　西汉文帝时（约前160）　湖南长沙马王堆辛追墓　漆绘

羊首神兽御仙鹤　黑漆棺/侧光　西汉文帝时（约前160）　湖南长沙马王堆辛追墓　漆绘

中国汉画大图典

漆绘图像

羊首神兽御凤　黑漆棺/侧光　西汉文帝时（约前160）　湖南长沙马王堆辛追墓　漆绘

羊首神兽御凤（局部）　黑漆棺/侧光　西汉文帝时（约前160）　湖南长沙马王堆辛追墓　漆绘

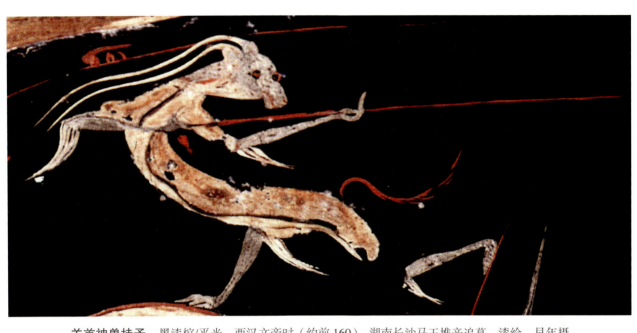

羊首神兽持矛　黑漆棺/平光　西汉文帝时（约前160）　湖南长沙马王堆辛追墓　漆绘　早年摄

云气技击　黑漆棺/平光　西汉文帝时（约前160）　湖南长沙马王堆辛追墓　漆绘　早年摄

漆绘图像

云气技击 黑漆棺/平光 西汉文帝时（约前160） 湖南长沙马王堆辛追墓 漆绘

云气技击 黑漆棺/侧光 西汉文帝时（约前160） 湖南长沙马王堆辛追墓 漆绘

鹿首神兽持鹿角形器技击　黑漆棺/平光　西汉文帝时（约前160）　湖南长沙马王堆辛追墓　漆绘　早年摄

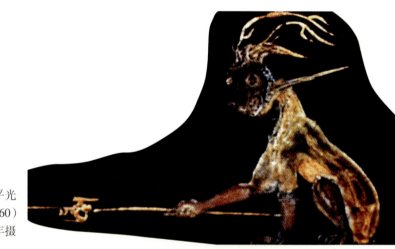

鹿首神兽　黑漆棺/平光
西汉文帝时（约前160）
湖南长沙马王堆辛追墓　漆绘　早年摄

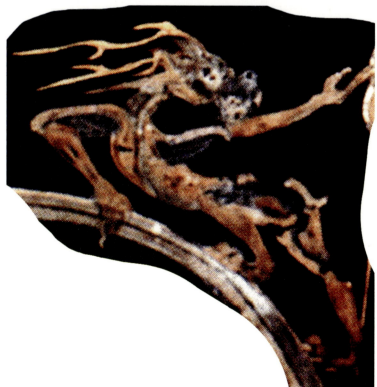

鹿首神兽　黑漆棺/平光
西汉文帝时（约前160）
湖南长沙马王堆辛追墓　漆绘　早年摄

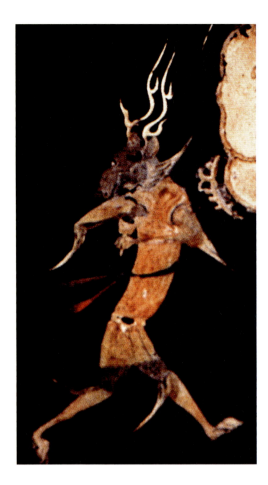

鹿首神兽 黑漆棺/平光
西汉文帝时（约前 160）
湖南长沙马王堆辛追墓 漆绘 早年摄

鹿首神兽 黑漆棺/侧光 西汉文帝时（约前 160） 湖南长沙马王堆辛追墓 漆绘

鹿首神兽捕鸟　黑漆棺/平光
西汉文帝时（约前160）　湖南长沙马王堆辛追墓　漆绘　早年摄

鹿首神兽捕鸟（局部）　黑漆棺/平光
西汉文帝时（约前160）
湖南长沙马王堆辛追墓　漆绘　早年摄

鹿首神兽捕鸟　黑漆棺/侧光　西汉文帝时（约前160）　湖南长沙马王堆辛追墓　漆绘

鹿首神兽与豹　　黑漆棺/平光　　西汉文帝时（约前160）　湖南长沙马王堆辛追墓　漆绘

鹿首神兽与豹　　黑漆棺/侧光　　西汉文帝时（约前160）　湖南长沙马王堆辛追墓　漆绘

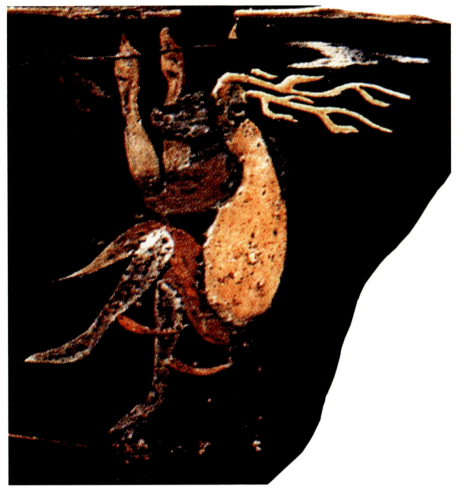

鹿首神兽　黑漆棺/平光　西汉文帝时（约前160）　湖南长沙马王堆辛追墓　漆绘　早年摄

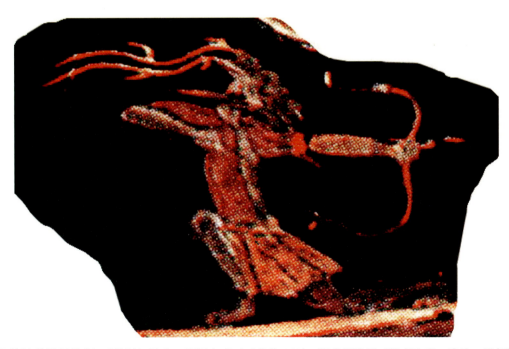

鹿首神兽引弓待射　黑漆棺/平光　西汉文帝时（约前160）　湖南长沙马王堆辛追墓　漆绘　早年摄

鹿首神兽引弓待射　黑漆棺/平光　西汉文帝时（约前160）　湖南长沙马王堆辛追墓　漆绘

神异骑鹿　黑漆棺/侧光　西汉文帝时（约前160）　湖南长沙马王堆辛追墓　漆绘

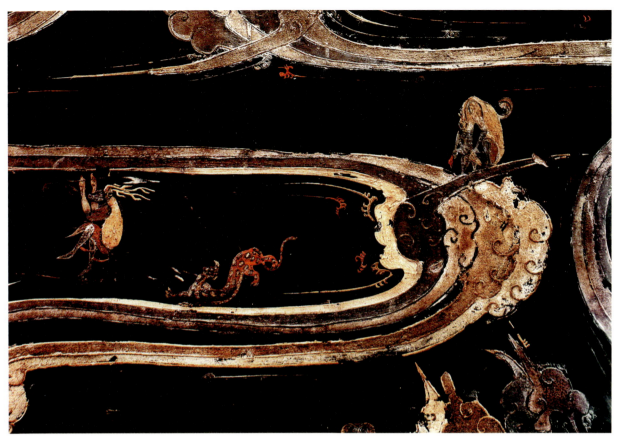

云气神异　黑漆棺/平光　西汉文帝时（约前160）　湖南长沙马王堆辛追墓　漆绘　早年摄

云气神异　黑漆棺/平光　西汉文帝时（约前160）　湖南长沙马王堆辛追墓　漆绘

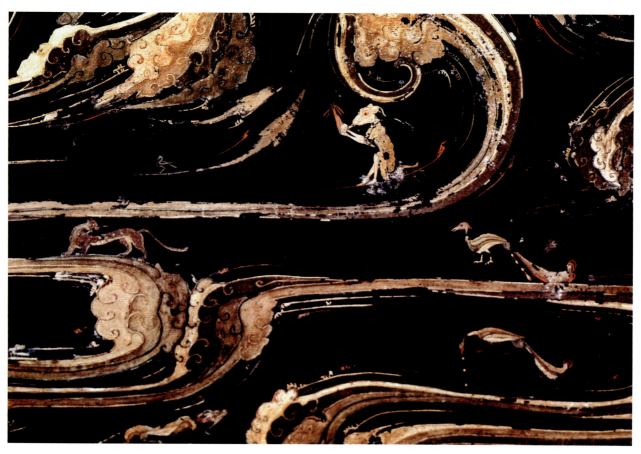

云气神异　黑漆棺/平光　西汉文帝时（约前160）　湖南长沙马王堆辛追墓　漆绘　早年摄

云气神异　黑漆棺/平光　西汉文帝时（约前160）　湖南长沙马王堆辛追墓　漆绘

云气神异　黑漆棺/平光　西汉文帝时（约前160）　湖南长沙马王堆辛追墓　漆绘　早年摄

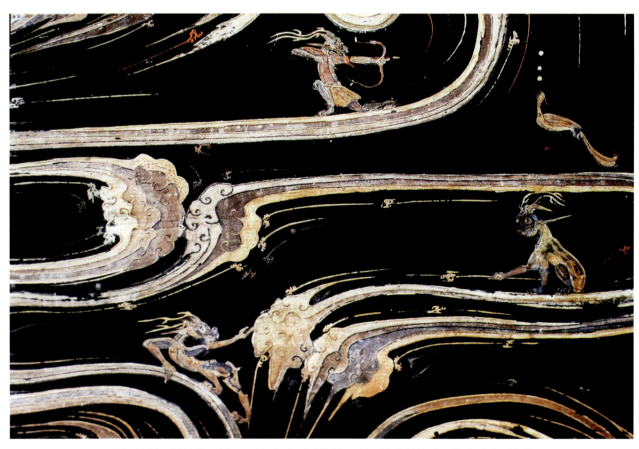

云气神异　黑漆棺/平光　西汉文帝时（约前160）　湖南长沙马王堆辛追墓　漆绘

漆绘图像

云中灵异 黑漆棺/侧光 西汉文帝时（约前160） 湖南长沙马王堆辛追墓 漆绘

云中神兽 黑漆棺/侧光 西汉文帝时（约前160） 湖南长沙马王堆辛追墓 漆绘

云中神异　黑漆棺/侧光　西汉文帝时（约前160）　湖南长沙马王堆辛追墓　漆绘

云气灵异之豹与羊　黑漆棺/侧光　西汉文帝时（约前160）　湖南长沙马王堆辛追墓　漆绘

漆绘图像

云气灵异之豹与羊（局部）　黑漆棺/侧光　西汉文帝时（约前160）　湖南长沙马王堆辛追墓　漆绘

云气灵异之豹与羊（局部）　黑漆棺/侧光　西汉文帝时（约前160）　湖南长沙马王堆辛追墓　漆绘

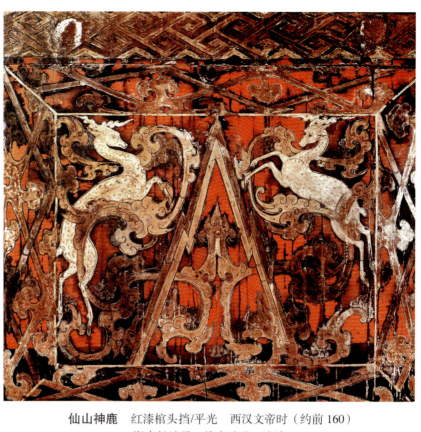

仙山神鹿　红漆棺头挡/平光　西汉文帝时（约前160）
湖南长沙马王堆辛追墓　漆绘

仙山神鹿（局部）　红漆棺头挡/平光　西汉文帝时（约前160）　湖南长沙马王堆辛追墓　漆绘

仙山神鹿 红漆棺头挡/侧光 西汉文帝时（约前160）
湖南长沙马王堆辛追墓 漆绘

仙山神鹿（左） 红漆棺头挡/侧光
西汉文帝时（约前160） 湖南长沙马王堆辛追墓 漆绘

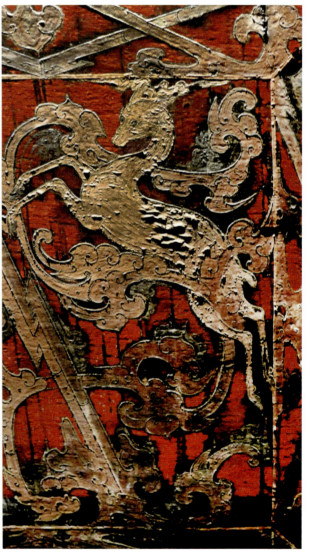

仙山神鹿（右） 红漆棺头挡/侧光
西汉文帝时（约前160） 湖南长沙马王堆辛追墓 漆绘

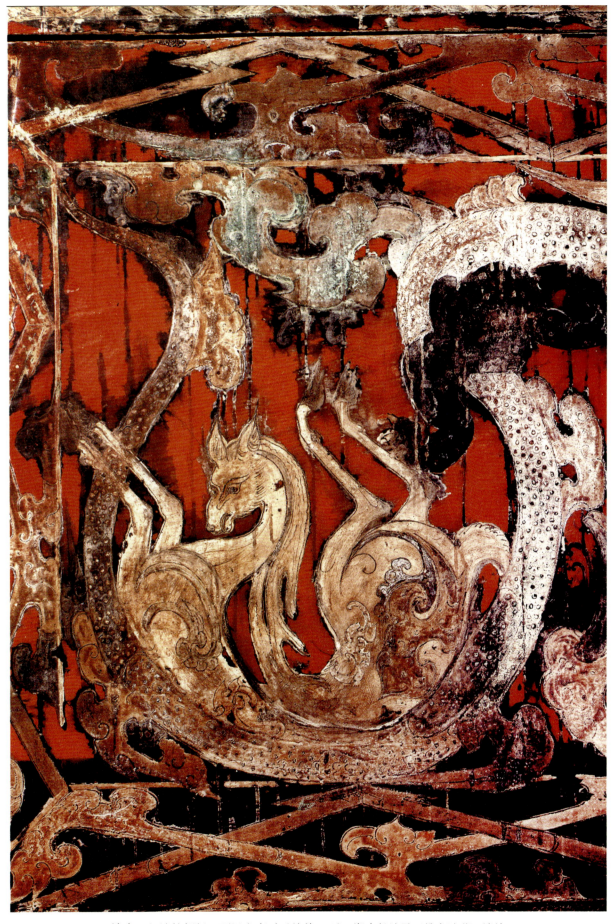

神鹿　红漆棺侧板　西汉文帝时（约前160）　湖南长沙马王堆辛追墓　漆绘

红漆棺侧板 西汉文帝时（约前160） 湖南长沙马王堆辛追墓 漆绘

异兽 西汉 江苏扬州广陵国墓葬 漆绘

神兽 龟形器盾 西汉 湖北荆州凤凰山 漆绘

动物组合 西汉 江苏扬州广陵国墓葬 漆绘

动物组合 面罩 西汉 江苏邗江甘泉乡姚庄汉墓 漆绘 1985年出土

动物组合 西汉 江苏邗江西汉墓 漆绘

漆绘图像

动物组合 器盖 西汉 四川绵阳 漆绘锥画

双龙穿璧 红漆棺足挡 西汉文帝时（约前160） 湖南长沙马王堆辛追墓 漆绘

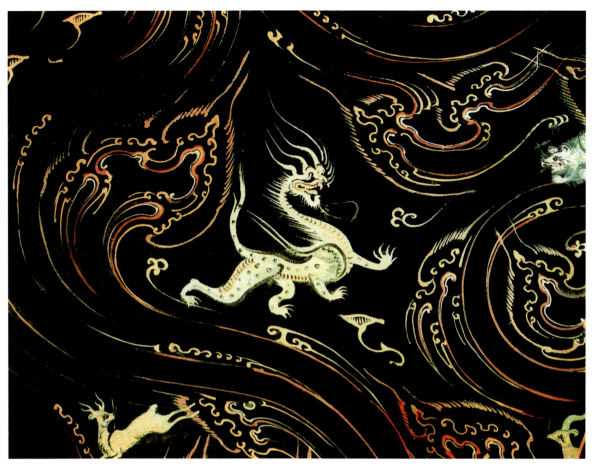

龙　面罩　西汉　江苏邗江甘泉乡姚庄汉墓　漆绘　1985年出土

龙（局部）　面罩　西汉　江苏邗江甘泉乡姚庄汉墓　漆绘　1985年出土

龙　卮盖　西汉　湖北省博物馆藏　漆绘

龙纹　西汉　四川绵阳　竹片漆绘

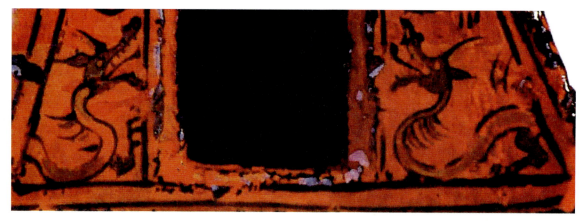

龙纹　西汉　江苏扬州广陵国墓葬　漆绘

龙纹　西汉　江苏扬州博物馆藏　漆绘

龙虎
红漆棺盖板
西汉文帝时（约前160）
湖南长沙马王堆辛追墓
漆绘

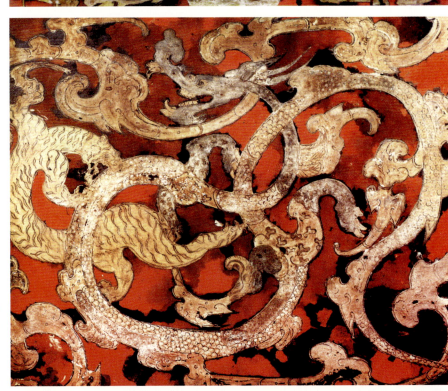

龙虎（局部）
红漆棺盖板
西汉文帝时（约前160）
湖南长沙马王堆辛追墓
漆绘

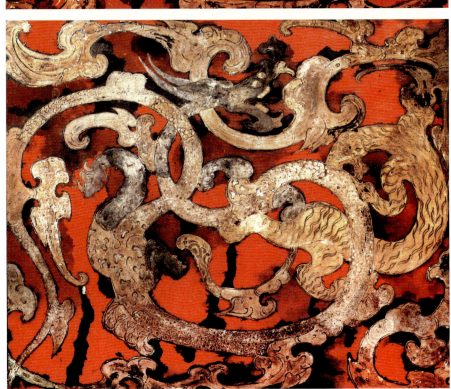

龙虎（局部）
红漆棺盖板
西汉文帝时（约前160）
湖南长沙马王堆辛追墓
漆绘

虎与熊 动物组合（局部） 西汉 江苏邗江西汉墓 漆绘

虎 动物组合（局部） 西汉 江苏邗江西汉墓 漆绘

虎　动物组合（局部）　面罩　西汉　江苏邗江甘泉乡姚庄汉墓　漆绘　1985 年出土

虎　云兽纹饰（局部）　西汉　江苏邗江西汉墓　漆绘

虎　云兽纹饰（局部）　西汉　江苏邗江西汉墓　漆绘

豹　西汉文帝时（约前 160）
湖南长沙马王堆辛追墓　漆绘

豹　西汉文帝时（约前 160）
湖南长沙马王堆辛追墓　漆绘

豹　动物组合（局部）　面罩　西汉　江苏邗江甘泉乡姚庄汉墓　漆绘　1985年出土

豹
西汉
江苏扬州广陵国墓葬
漆绘

猛兽　西汉　江苏邗江西汉墓　漆绘

熊　动物组合（局部）
西汉　江苏邗江西汉墓　漆绘

走兽　云气鸟兽纹饰（局部）
西汉　江苏扬州广陵国墓葬　漆绘

动物　西汉
江苏扬州广陵国
墓葬　漆绘

动物　西汉
江苏扬州广陵国墓葬　漆绘

牛　云兽纹饰（局部）
西汉　江苏扬州博物馆藏　漆绘

犀牛纹　漆扁壶　汉　广东广州　漆绘

奔鹿　耳杯　西汉　江苏扬州广陵国墓葬　漆绘

双鹿　动物组合（局部）　西汉　江苏邗江西汉墓　漆绘

鹿　西汉　江苏邗江西汉墓　漆绘

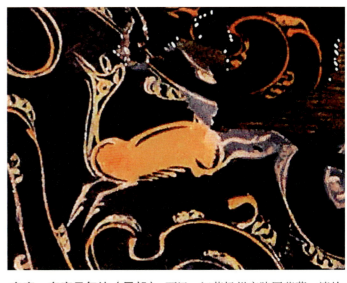

奔鹿　奔鹿云气纹（局部）　西汉　江苏扬州广陵国墓葬　漆绘

奔鹿云气纹　西汉　江苏扬州广陵国墓葬　漆绘

奔鹿　西汉　江苏邗江西汉墓　漆绘

漆绘 图像

奔鹿（局部）
西汉
江苏邗江西汉墓
漆绘

鹿 云兽纹饰（局部） 西汉
江苏邗江西汉墓 漆绘

鹿 西汉
江苏扬州博物馆藏 漆绘贴金

鹿 西汉
江苏扬州博物馆藏 漆绘贴金

羊 西汉
江苏扬州博物馆藏 漆绘贴金

兔 西汉
江苏南京博物院藏 漆绘

神鼠 西汉
江苏扬州博物馆藏 漆绘

神鼠图 西汉 江苏邗江西汉墓 漆绘

生肖鼠 云兽纹饰（局部） 西汉 江苏邗江西汉墓 漆绘

漆绘 图像

凤鸟　黑漆棺/侧光　西汉文帝时（约前160）　湖南长沙马王堆辛追墓　漆绘

凤鸟　黑漆棺/侧光　西汉文帝时（约前160）　湖南长沙马王堆辛追墓　漆绘

凤鸟　黑漆棺/平光　西汉文帝时（约前160）　湖南长沙马王堆辛追墓　漆绘　早年摄

凤鸟　黑漆棺/侧光　西汉文帝时（约前160）　湖南长沙马王堆辛追墓　漆绘

漆绘图像

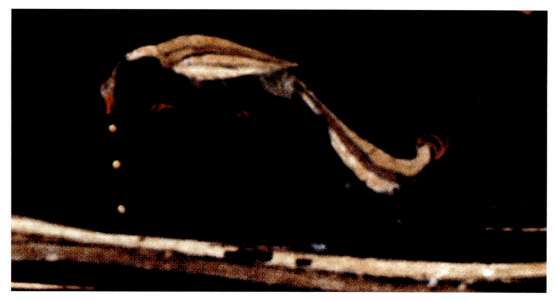

凤鸟　黑漆棺/平光　西汉文帝时（约前160）　湖南长沙马王堆辛追墓　漆绘　早年摄

凤鸟　黑漆棺/侧光　西汉文帝时（约前160）　湖南长沙马王堆辛追墓　漆绘

凤鸟 黑漆棺/平光
西汉文帝时（约前160）
湖南长沙马王堆辛追墓
漆绘
早年摄

凤鸟 黑漆棺/侧光
西汉文帝时（约前160）
湖南长沙马王堆辛追墓
漆绘

凤鸟　黑漆棺/侧光
西汉文帝时（约前160）　湖南长沙马王堆辛追墓　漆绘

凤鸟　黑漆棺/侧光　西汉文帝时（约前160）　湖南长沙马王堆辛追墓　漆绘

凤鸟　案　西汉　安徽巢湖　漆绘

漆绘　图像

凤鸟　汉　安徽霍山　漆绘

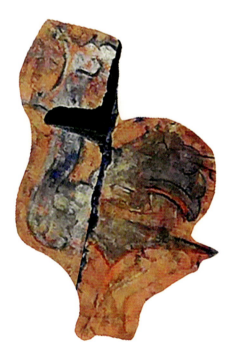

凤鸟　汉　安徽潜山　漆绘

凤鸟纹　盘　西汉　江苏扬州博物馆藏　漆绘

凤鸟纹（局部）　盘　西汉　江苏扬州博物馆藏　漆绘

凤鸟　西汉　江苏扬州广陵国墓葬　漆绘

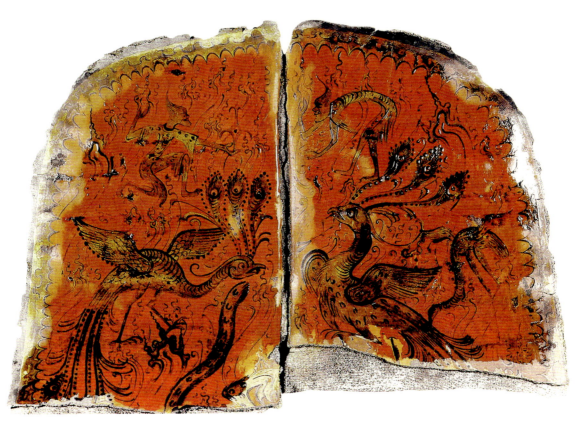

凤鸟　西汉　江苏仪征博物馆藏　漆绘

凤鸟　西汉　江苏扬州广陵国墓葬　漆绘

凤鸟　西汉　江苏扬州广陵国墓葬　漆绘

凤鸟　西汉　湖北荆州高台　漆绘

凤鸟　西汉　湖北荆州高台　漆绘

凤鸟　西汉　湖北荆州高台　漆绘

凤鸟　西汉　湖北荆州高台　漆绘

凤鸟　西汉　湖北荆州高台　漆绘

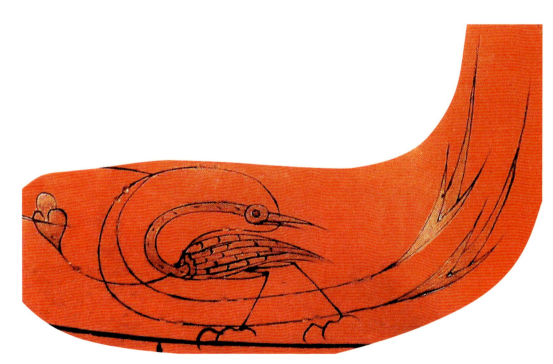

凤鸟　西汉　湖北荆州博物馆藏　漆绘

云中翔鸟 黑漆棺/侧光 西汉文帝时（约前160） 湖南长沙马王堆辛追墓 漆绘

云中翔鸟（局部） 黑漆棺/侧光
西汉文帝时（约前160） 湖南长沙马王堆辛追墓 漆绘

鸮 黑漆棺/侧光 西汉文帝时（约前160） 湖南长沙马王堆辛追墓 漆绘

鸮 黑漆棺/侧光 西汉文帝时（约前160） 湖南长沙马王堆辛追墓 漆绘

对鸟纹　盘　西汉　山东临沂　漆绘　　　对鸟云气纹　盘　西汉　四川绵阳市博物馆藏　漆绘　　　双鸟纹　汉　贵州省博物馆藏　漆绘

鸟　西汉　湖北荆州高台　漆绘

鸟　西汉　湖北荆州高台　漆绘

鸟　西汉　湖北荆州　漆绘　　　鸟　西汉　湖北荆州高台　漆绘　　　鸟　西汉　湖北荆州高台　漆绘

鸟　西汉　湖北荆州高台　漆绘　　　鸟　西汉　山东临沂市博物馆藏　漆绘

鸟　云气鸟兽纹饰（局部）
西汉　江苏邗江西汉墓　漆绘

鸟　云气鸟兽纹饰（局部）
西汉　江苏邗江西汉墓　漆绘

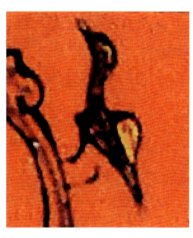
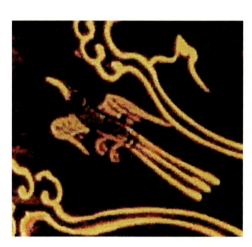

鸟　云气鸟兽纹饰（局部）　西汉
江苏邗江西汉墓　漆绘

鸟　云气鸟兽纹饰（局部）　西汉
江苏邗江西汉墓　漆绘

鸟　西汉　江苏邗江西汉墓　漆绘

鹤　西汉　江苏邗江　漆绘

鹤　西汉　江苏邗江　漆绘

鸟　西汉　江苏扬州博物馆藏　漆绘

鸟纹　西汉　江苏扬州博物馆藏　漆绘

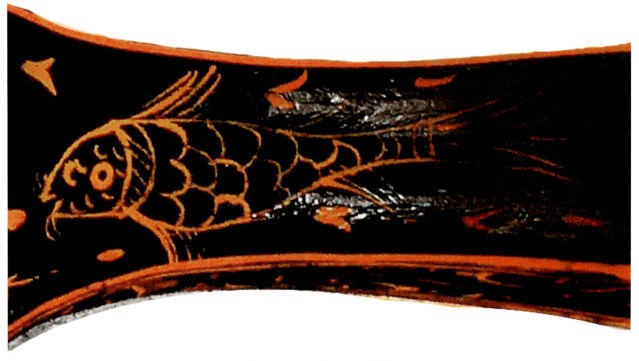

鱼　西汉　江苏邗江　漆绘

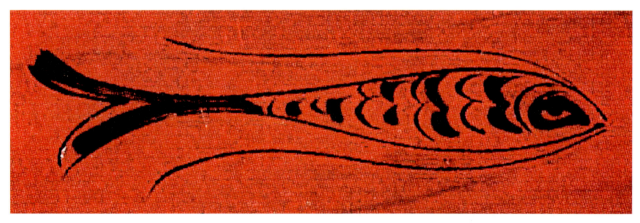

鱼　耳杯　西汉　湖北荆州高台　漆绘

人兽纹 龟形器盾
西汉
湖北荆州凤凰山 8 号墓
漆绘

漆绘 藻饰

凤纹 盒
西汉
湖南长沙马王堆汉墓
漆绘

漆绘 藻饰

对鸟纹　耳杯　西汉　贵州省博物馆藏　漆绘

云鸟纹　耳杯　西汉　山东临沂　漆绘

云气对鸟纹 盒 西汉 湖北云梦睡虎地汉墓 漆绘

云气鱼鹤纹 西汉 江苏扬州广陵国墓葬 漆绘

漆绘藻饰

三鱼纹　耳杯　西汉　湖北荆州　漆绘

云兽纹　彩绘贴金椭圆盒　西汉　江苏邗江甘泉乡姚庄汉墓　漆绘

云气灵异　黑漆棺　西汉文帝时（约前160）　湖南长沙马王堆辛追墓　漆绘　早年摄

云气灵异　黑漆棺　西汉文帝时（约前160）　湖南长沙马王堆辛追墓　漆绘

漆绘 藻饰

云气灵异 黑漆棺 西汉文帝时（约前160） 湖南长沙马王堆辛追墓 漆绘

云气灵异 红漆棺 西汉文帝时（约前160） 湖南长沙马王堆辛追墓 漆绘

云气瑞兽纹　三足卮　西汉　江苏邗江西汉墓　漆绘

云气走兽纹　笥　西汉　江苏扬州西湖乡胡场汉墓　漆绘

云兽纹　西汉　江苏扬州广陵国墓葬　漆绘

云龙纹 耳杯 西汉 湖北荆州高台 漆绘

云龙纹 耳杯 西汉 湖北荆州高台 漆绘

漆绘 藻饰

龙纹　屏风（正面）　西汉　湖南长沙马王堆汉墓　漆绘

西王母云气纹　银扣贴金盒　西汉　江苏扬州广陵国墓葬　漆绘

云气乘骑纹　奁　西汉　江苏扬州西湖乡胡场汉墓　漆绘

云气纹　陶罐　西汉　湖北省博物馆藏　漆绘

漆绘 藻饰

云气纹 "君幸酒"耳杯 西汉 湖南长沙马王堆汉墓 漆绘

云气纹 奁 西汉 湖南长沙马王堆汉墓 漆绘

云气纹　卮　西汉　湖南长沙　漆绘

云气纹　樽　西汉　江苏扬州广陵国墓葬　漆绘

漆绘

藻饰

云气纹　樽　西汉　江苏扬州西湖乡胡场汉墓　漆绘

云气纹　鼎　西汉　湖南长沙马王堆汉墓　漆绘

云气纹　钟　西汉　湖南长沙马王堆汉墓　漆绘

中国汉画大图典

漆绘 藻饰

云气纹　钫　西汉　湖南长沙马王堆汉墓　漆绘

云气纹　西汉　江苏扬州广陵国墓葬　漆绘

云气纹　砚　西汉　江苏邗江杨庙汉墓　漆绘

漆绘

藻饰

云气纹　奁　西汉　湖南长沙马王堆汉墓　漆绘

云气纹　匕　西汉　湖南长沙马王堆汉墓　漆绘

云气纹　屏风　西汉　湖南长沙马王堆汉墓　漆绘

云气纹 兵器架 西汉 湖南长沙马王堆汉墓 漆绘

漆绘 藻饰

纹饰　碗　西汉　江苏扬州西湖乡胡场汉墓　漆绘

纹饰　猪嘴形盒　西汉　湖北省博物馆藏　漆绘

纹饰　耳杯　西汉　湖北荆州高台　漆绘

点绘　卮　西汉　湖南长沙　漆绘

十字穿璧几何纹　屏风（背面）　西汉　湖南长沙马王堆汉墓　漆绘

鸟云气纹　盘　西汉　湖北江陵　漆绘

鸟云气纹　盘　西汉　湖北荆州高台　漆绘

鸟云气纹　盘　西汉　湖北荆州高台　漆绘

鸟纹　西汉　湖南长沙　漆绘

鸟纹　西汉　湖南长沙　漆绘

凤鸟纹　西汉　湖北荆州博物馆藏　漆绘

凤纹　盒盖　西汉　湖南长沙马王堆汉墓　漆绘

云气纹 "君奉食"小盘
西汉 湖南长沙马王堆汉墓 漆绘

云气纹 "君奉食"盘 西汉 湖南长沙马王堆汉墓 漆绘

云气纹 盘
西汉 四川绵阳市博物馆藏 漆绘

云气纹 盘
西汉 四川绵阳永兴镇双包山汉墓 漆绘

云气纹 盘
西汉 湖南长沙望城坡古坟垸汉墓 漆绘

云气纹 盒盖
西汉 四川绵阳永兴镇双包山汉墓 漆绘

云气纹 盒盖
西汉 湖南长沙望城坡古坟垸汉墓 漆绘

云气纹 盒盖
西汉 湖南长沙 漆绘

云气纹 盒 西汉 湖南长沙 漆绘

云气纹 盒盖 西汉 湖南长沙 漆绘

云气纹 西汉 江苏扬州广陵国墓葬 漆绘

云气纹 西汉 江苏扬州广陵国墓葬 漆绘

漆绘 藻饰

云气纹　西汉　江苏扬州广陵国墓葬　漆绘

云气纹　西汉　江苏扬州广陵国墓葬　漆绘

云气纹　西汉　江苏扬州广陵国墓葬　漆绘

云气纹　西汉　江苏扬州广陵国墓葬　漆绘

云气纹　西汉　江苏扬州广陵国墓葬　漆绘

云气纹　西汉　江苏扬州广陵国墓葬　漆绘

云气纹　西汉　江苏扬州广陵国墓葬　漆绘

云气纹　西汉　江苏扬州广陵国墓葬　漆绘

云气纹　汉　安徽霍山　漆绘

云气纹　盘
西汉　山东临沂银雀山汉墓　漆绘

云气纹
汉　广西壮族自治区博物馆藏　漆绘

云气纹　西汉　湖北荆州高台　漆绘

云气纹　西汉　湖北荆州高台　漆绘

云气纹　盘
西汉　湖北荆州高台　漆绘

云气纹　盘
西汉　湖北荆州凤凰山汉墓　漆绘

云兽纹 西汉 江苏扬州广陵国墓葬 漆绘　　　　**云兽纹** 西汉 江苏扬州广陵国墓葬 漆绘

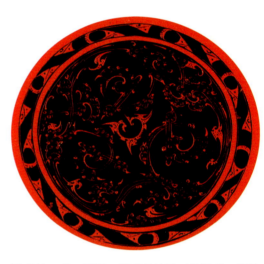

云兽纹 盘 西汉 湖北省博物馆藏 漆绘　　　　**云龙纹** 盘 西汉 湖南长沙马王堆汉墓 漆绘

云龙纹 圆盘 西汉 湖南长沙马王堆汉墓 漆绘　　　　**三龙纹** 西汉 江苏扬州博物馆藏 漆绘

漆绘 藻饰

龙纹　西汉　江苏扬州博物馆藏　漆绘

纹饰　盘　西汉　湖北荆州高台　漆绘

纹饰　盘　西汉　湖北荆州高台　漆绘

纹饰　盘　西汉　湖北荆州高台　漆绘

纹饰　西汉　湖北荆州高台　漆绘

纹饰　盘　西汉　湖北荆州高台　漆绘

针刻纹饰　圆奁　西汉　湖北荆州高台　漆绘

纹饰　西汉　湖北荆州博物馆藏　漆绘

纹饰　西汉　湖北省博物馆藏　漆绘

纹饰　璧　西汉　广东广州南越王墓　漆绘

纹饰　西汉　江苏扬州博物馆藏　漆绘

纹饰　西汉　湖南长沙　漆绘

漆绘 藻饰

云气纹　西汉　江苏扬州广陵国墓葬　漆绘

云气纹　汉　安徽天长　漆绘

云气纹　西汉　湖北荆州博物馆　漆绘

纹饰　西汉　湖南长沙马王堆汉墓　漆绘

漆绘 藻饰

纹饰　汉　贵州省博物馆藏　漆绘

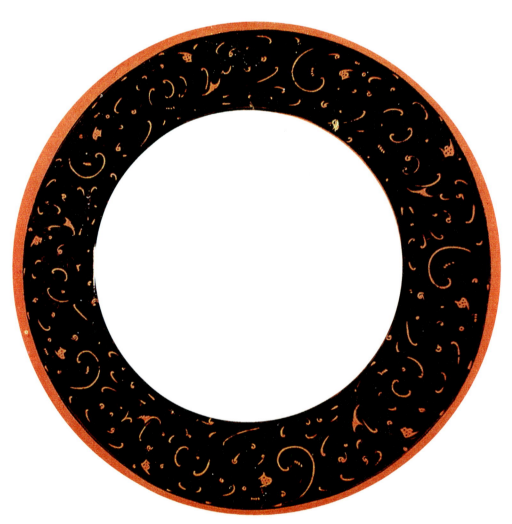

纹饰　西汉　湖北荆州高台　漆绘

纹饰　西汉　湖北荆州高台　漆绘

纹饰　西汉　湖北荆州高台　漆绘

纹饰　西汉　湖北荆州高台　漆绘

漆绘

藻饰

漆绘

藻饰

纹饰 西汉 江苏扬州 漆绘

纹饰　西汉　江苏扬州　漆绘

漆绘　藻饰

纹饰　西汉　江苏扬州博物馆藏　漆绘

云气动物羽人纹 汉 甘肃省博物馆藏 漆绘

云气山峦凤鸟纹 西汉 江苏扬州广陵国墓葬 漆绘

云气羽人飞鸟纹 西汉 江苏扬州广陵国墓葬 漆绘

云气纹 盘 西汉 江苏盐城三羊墩汉墓 漆绘

云气纹　汉　安徽天长　漆绘

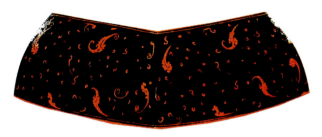
云气纹　西汉　湖南长沙马王堆汉墓　漆绘

云气纹　奁　西汉　湖南长沙马王堆汉墓　漆绘

云气纹　卮　西汉　湖南长沙　漆绘

云气纹　西汉　湖南长沙　漆绘

云气纹　汉　甘肃省博物馆藏　漆绘

云气纹　西汉　湖北省博物馆藏　漆绘

云气纹　西汉　湖北省博物馆藏　漆绘

云气纹　西汉　湖北省博物馆藏　漆绘

纹饰　西汉　湖北省博物馆藏　漆绘

纹饰　西汉　湖北荆州高台　漆绘

纹饰　西汉　江苏邗江　漆绘

纹饰　西汉　江苏扬州博物馆藏　漆绘

纹饰　西汉　江苏扬州　漆绘

纹饰　西汉　江苏扬州　漆绘

纹饰　西汉　湖南长沙马王堆汉墓　漆绘

纹饰　西汉　湖南长沙马王堆汉墓　漆绘

纹饰　西汉　湖南长沙　漆绘

纹饰　西汉　湖南长沙　漆绘

云气纹鸟纹 圆卮 西汉
湖北荆州凤凰山汉墓 漆绘

云气纹 西汉 湖北荆州博物馆藏 漆绘

漆绘 藻饰

云气纹　汉　安徽天长　漆绘

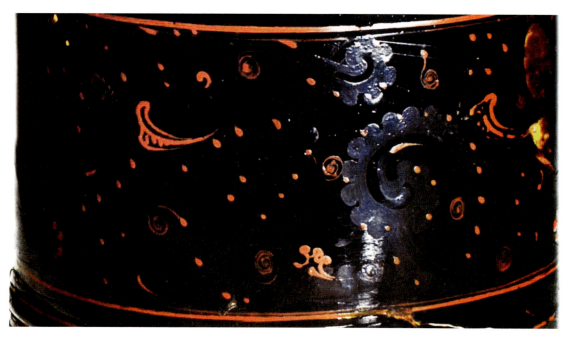

云气纹　卮　西汉　湖南长沙　漆绘

云气纹　壶　西汉
湖南长沙马王堆汉墓　漆绘

云气纹　钟　西汉　湖南长沙马王堆汉墓　漆绘

漆绘　藻饰

云气纹　西汉
湖南长沙马王堆汉墓　漆绘

云气纹　西汉
湖南长沙马王堆汉墓　漆绘

云气纹　西汉
湖南长沙　漆绘

云气纹　西汉
江苏扬州广陵国墓葬　漆绘

云气纹　陶罐　西汉　湖北省博物馆藏　漆绘

云气纹　陶胎漆盒　西汉　湖南长沙马王堆汉墓　漆绘

云气纹　汉　安徽省文物考古研究所藏　漆绘

云气纹　圆盒　西汉　安徽天长　漆绘

云气纹　汉　安徽潜山　漆绘

漆绘

藻饰

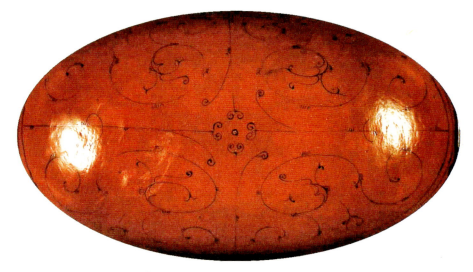

云气纹　西汉　湖北荆州博物馆　漆绘

云气纹　西汉　湖北荆州高台　漆绘

云气纹　西汉　江苏扬州广陵国墓葬　漆绘

云气纹　西汉　江苏扬州广陵国墓葬　漆绘

云气纹 西汉 江苏扬州广陵国墓葬 漆绘

云气纹 西汉 江苏扬州广陵国墓葬 漆绘

云气纹 西汉 江苏扬州广陵国墓葬 漆绘

云气纹 汉 安徽省文物考古研究所藏 漆绘

云气纹 黑漆棺/侧光 西汉文帝时（约前160） 湖南长沙马王堆辛追墓 漆绘

漆绘 藻饰

云气纹　西汉　江苏扬州广陵国墓葬　漆绘

云气纹　西汉　江苏扬州广陵国墓葬　漆绘

云气纹　西汉　江苏扬州广陵国墓葬　漆绘

云气纹　西汉　江苏扬州广陵国墓葬　漆绘

云气纹　西汉　江苏扬州广陵国墓葬　漆绘

漆绘 藻饰

云气纹　西汉　湖北荆州　漆绘

云气纹　西汉
江苏扬州广陵国墓葬　漆绘

云气纹　西汉　江苏扬州广陵国墓葬　漆绘

云气纹　西汉　江苏扬州广陵国墓葬　漆绘

云气纹　西汉　江苏扬州广陵国墓葬　漆绘

漆绘 藻饰

云气纹　西汉　江苏扬州广陵国墓葬　漆绘

云气纹　西汉
江苏扬州广陵国墓葬　漆绘

云气纹　黑漆棺侧板（局部）　西汉文帝时（约前160）　湖南长沙马王堆辛追墓　漆绘

云气纹　黑漆棺头挡（局部）　西汉文帝时（约前160）　湖南长沙马王堆辛追墓　漆绘

云气纹　黑漆棺头挡（局部）　西汉文帝时（约前160）　湖南长沙马王堆辛追墓　漆绘

云气纹　黑漆棺边饰/侧光　西汉文帝时（约前160）　湖南长沙马王堆辛追墓　漆绘

云气纹　红漆棺右侧板　西汉文帝时（约前160）　湖南长沙马王堆辛追墓　漆绘

纹饰　西汉
湖南省博物馆藏　漆绘

纹饰　西汉
广东广州　漆绘

纹饰　卮　西汉　湖南长沙　漆绘

漆绘　藻饰

纹饰　西汉　湖南长沙马王堆汉墓　漆绘

纹饰　西汉　湖北荆州高台　漆绘

纹饰　西汉　江苏扬州博物馆藏　漆绘

纹饰　汉　安徽霍山　漆绘

纹饰　耳杯　西汉　江苏扬州广陵国墓葬　漆绘

纹饰　耳杯　西汉　江苏扬州广陵国墓葬　漆绘

纹饰 汉 安徽巢湖 漆绘

纹饰 耳杯 西汉 江苏扬州广陵国墓葬 漆绘

纹饰 西汉 江苏扬州 漆绘

纹饰 西汉 江苏扬州 漆绘

纹饰　西汉　湖南长沙马王堆辛追墓　漆绘

纹饰　西汉　湖南长沙马王堆辛追墓　漆绘

漆绘　藻饰

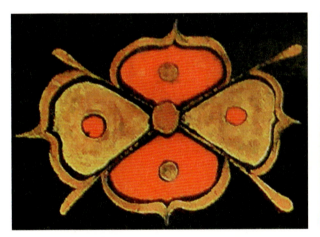

纹饰　耳杯　西汉　湖北荆州　漆绘

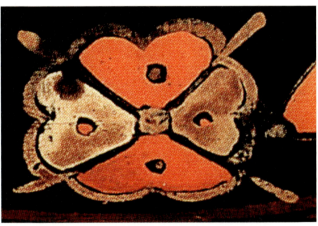

纹饰　耳杯　西汉　湖北荆州高台　漆绘

纹饰　西汉
湖北荆州高台　漆绘

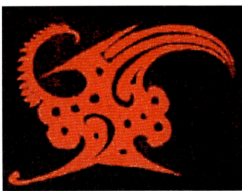

纹饰　西汉
湖北荆州高台　漆绘

纹饰　西汉
湖北荆州高台　漆绘

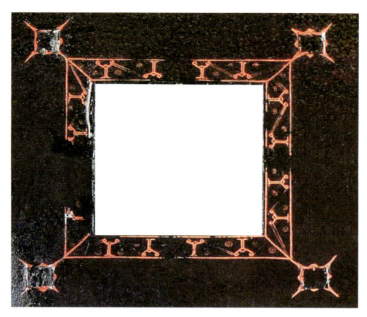

纹饰 汉 安徽巢湖 漆绘

纹饰 汉 安徽省文物考古研究所藏 漆绘

纹饰 汉 安徽省文物考古研究所藏 漆绘

凤鸟纹　西汉　四川绵阳博物馆藏　漆绘

鸟纹　西汉　湖南长沙　漆绘

鸟头纹　几　西汉　湖南长沙望城坡古坟垸汉墓　漆绘

双鸟纹　西汉　江苏扬州博物馆藏　漆绘

鸟云气纹　西汉　湖北荆州高台　漆绘

鸟云气纹　盘　西汉　湖北江陵　漆绘

鸟纹　西汉　湖南长沙　漆绘

鸟纹　西汉　湖南长沙　漆绘

云兽纹　钵　西汉　甘肃武威汉墓　漆绘

云气鸟兽纹　西汉　江苏扬州广陵国墓葬　漆绘

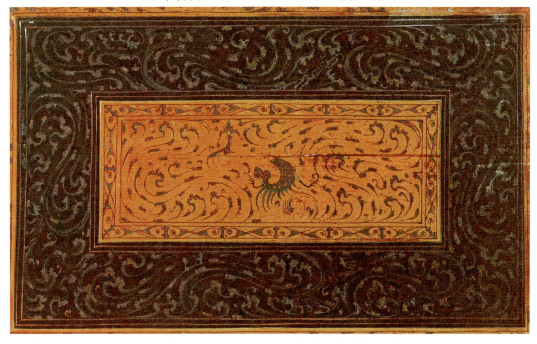

云兽纹　西汉　江苏扬州广陵国墓葬　漆绘

云气异兽纹　西汉　江苏扬州广陵国墓葬　漆绘

漆绘 藻饰

云兽纹（局部）
西汉
江苏扬州广陵园墓葬
漆绘

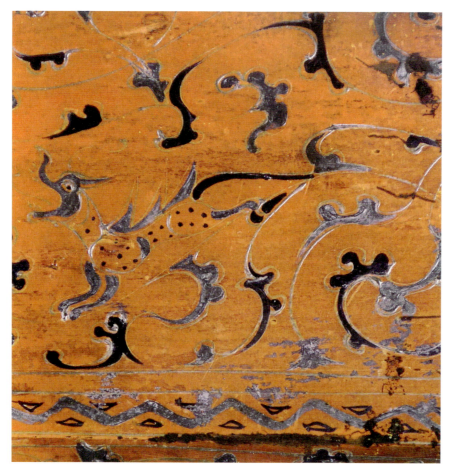

云气异兽纹（局部）
西汉
江苏扬州广陵国墓葬
漆绘

云气神兽 黑漆棺 西汉文帝时（约前160） 湖南长沙马王堆辛追墓 漆绘 早年摄

漆绘 藻饰

云气神兽　黑漆棺　西汉文帝时（约前160）湖南长沙马王堆辛追墓　漆绘

云气神兽 黑漆棺 西汉文帝时（约前160） 湖南长沙马王堆辛追墓 漆绘

漆绘 藻饰

云气灵异　黑漆棺头挡　西汉文帝时（约前160）湖南长沙马王堆辛追墓　漆绘

云气灵异 黑漆棺足挡 西汉文帝时（约前160） 湖南长沙马王堆辛追墓 漆绘

云气灵异 黑漆棺侧板 西汉文帝时（约前 160） 湖南长沙马王堆辛追墓 漆绘

云气灵异 黑漆棺侧板 西汉文帝时（约前 160） 湖南长沙马王堆辛追墓 漆绘

云气羽人纹　耳杯　西汉　江苏扬州广陵国墓葬　漆绘

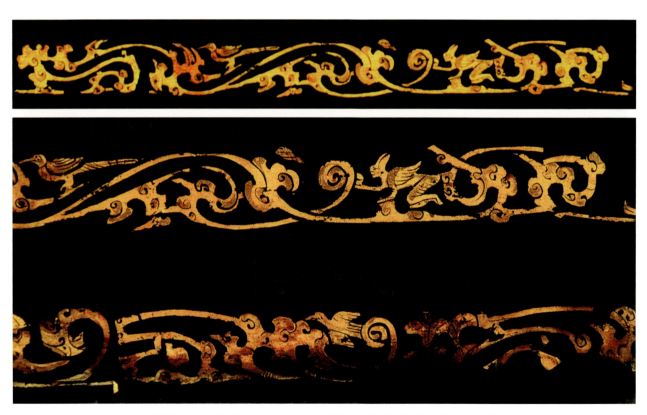

云气羽人飞鸟纹　银扣贴金盒　西汉　江苏扬州广陵国墓葬　漆绘

漆绘 藻饰

云龙纹　箱　西汉　江苏扬州东风砖瓦厂汉墓　漆绘　1977年出土

奔鹿云气纹　西汉　江苏扬州广陵国墓葬　漆绘

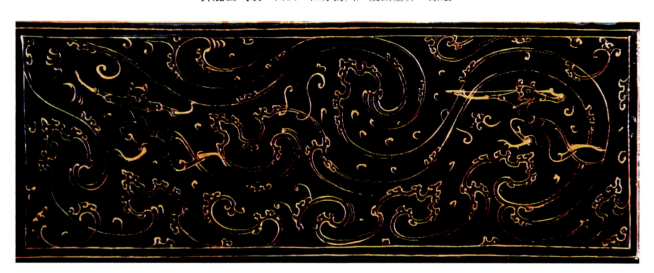

熊与云气纹　盘　西汉　安徽天长　漆绘

鱼纹 西汉 湖北荆州高台 漆绘

十字穿璧纹 汉 安徽潜山 漆绘

点绘 卮 西汉 湖南长沙 漆绘

篆隶 "渔阳"　西汉　湖南长沙　漆绘

漆书 "轪侯家"　西汉
湖南长沙马王堆汉墓　漆绘

漆书 "君奉酒"　西汉
湖南长沙马王堆汉墓　漆绘

器绘

彩绘画像石墓门　东汉　陕西神木大保当　画像石彩绘

彩绘画像石墓门门楣　东汉　陕西神木大保当　画像石彩绘

彩绘画像石墓门左门框　东汉
陕西神木大保当　画像石彩绘

彩绘画像石墓门右门框　东汉
陕西神木大保当　画像石彩绘

彩绘画像石墓门左门扉　东汉
陕西神木大保当　画像石彩绘

彩绘画像石墓门右门扉　东汉
陕西神木大保当　画像石彩绘

车骑出行与田猎　彩绘画像石墓门门楣右侧部分　东汉　陕西神木大保当　画像石彩绘

车骑出行与田猎（局部）　彩绘画像石墓门门楣右侧部分　东汉　陕西神木大保当　画像石彩绘

田猎射虎与金乌　彩绘画像石墓门门楣右侧部分　东汉　陕西神木大保当　画像石彩绘

车骑出行与田猎　彩绘画像石墓门门楣左侧部分　东汉　陕西神木大保当　画像石彩绘

车骑出行　彩绘画像石墓门门楣左侧部分　东汉　陕西神木大保当　画像石彩绘

虎　彩绘画像石墓门门楣右侧部分　东汉　陕西神木大保当　画像石彩绘

金乌 彩绘画像石墓门门楣右侧部分
东汉 陕西神木大保当 画像石彩绘

车马云气鹿 彩绘画像石墓门左门框下面部分
东汉 陕西神木大保当 画像石彩绘

凤鸟　彩绘画像石墓门左门扉上面部分
东汉　陕西神木大保当　画像石彩绘

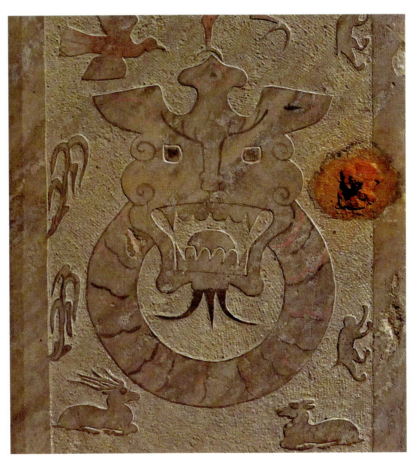

铺首　彩绘画像石墓门左门扉中间部分
东汉　陕西神木大保当　画像石彩绘

车骑出行　东汉　内蒙古鄂尔多斯汉墓　画像石彩绘

车骑　东汉　内蒙古鄂尔多斯汉墓　画像石彩绘

左门扉　东汉　内蒙古鄂尔多斯汉墓　画像石彩绘　　　　右门扉　东汉　内蒙古鄂尔多斯汉墓　画像石彩绘

左门扉下面部分 东汉 内蒙古鄂尔多斯汉墓 画像石彩绘

朱雀 左门扉上面部分 东汉 内蒙古鄂尔多斯汉墓 画像石彩绘

左门柱石　东汉
内蒙古伊金霍洛旗哈拉母河　画像石彩绘

人物鸟兽云气图之东王公西王母　东汉　河北望都　石枕彩绘

人物鸟兽云气图之四神图　东汉　河北望都　石枕彩绘

人物鸟兽云气图之双凤衔仙草图
东汉
河北望都
石枕彩绘

人物鸟兽云气图之骑神兽　东汉　河北望都　石枕彩绘

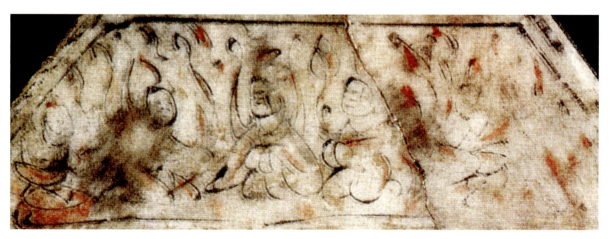

西王母　人物鸟兽云气图之东王公西王母（局部）　东汉　河北望都　石枕彩绘

东王公　人物鸟兽云气图之东王公西王母（局部）　东汉　河北望都　石枕彩绘

仙人骑神兽　人物鸟兽云气图之骑神兽（局部）　东汉　河北望都　石枕彩绘

持簪门吏（局部） 东汉 山西离石 画像石彩绘

持簪门吏 东汉 山西离石 画像石彩绘

持戈门吏（局部） 东汉 山西离石 画像石彩绘

持戈门吏 东汉 山西离石 画像石彩绘

神人　东汉　山西离石　画像石彩绘

鸡首神人　东汉　山西离石　画像石彩绘

牛首神人　东汉　山西离石　画像石彩绘

车马　东汉　山西离石　画像石彩绘

车马（局部）　东汉　山西离石　画像石彩绘

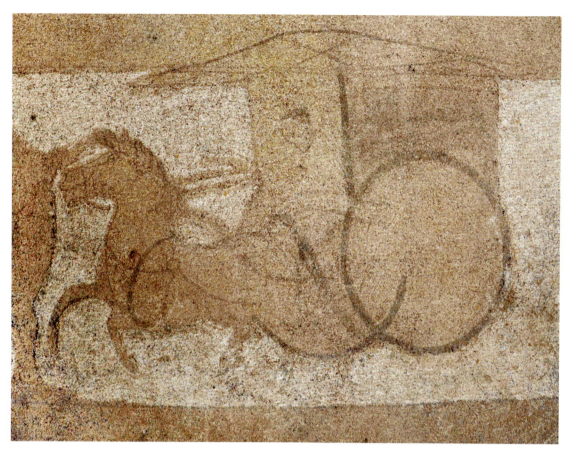

车马(局部) 东汉 山西离石 画像石彩绘

车马(局部) 东汉 山西离石 画像石彩绘

画绘陶壶 东汉 河南洛阳 陶壶彩绘

白虎　画绘陶壶　东汉　河南洛阳　陶壶彩绘

朱雀　画绘陶壶　东汉　河南洛阳　陶壶彩绘

人身兽首图 西汉 山西浑源汉墓 陶壶彩绘 1972年出土

人物 西汉 河南洛阳 陶奁彩绘

画绘陶盘　西汉　河北满城　陶盘彩绘

鸟衔鱼　画绘陶盘　西汉　河北满城　陶盘彩绘

彩绘陶仓楼　东汉　河南焦作　陶楼彩绘

彩绘陶仓楼（局部） 东汉 河南焦作 陶楼彩绘

彩绘陶仓楼（局部） 东汉 河南焦作 陶楼彩绘

彩绘连阁陶仓楼　东汉　河南焦作　陶楼彩绘　1993年出土

云气纹钫 西汉文帝时（约前160） 湖南长沙马王堆辛追墓 陶绘

收租图 东汉 河南密县 陶楼彩绘

器绘 铜器绘

画绘铜镜 西汉 陕西西安 铜镜彩绘

树下人物　西汉　陕西西安　铜镜彩绘

树下人物　西汉　陕西西安　铜镜彩绘

树下人物（局部）　西汉　陕西西安　铜镜彩绘

树下人物（局部） 西汉 陕西西安 铜镜彩绘

树 树下人物（局部） 西汉 陕西西安 铜镜彩绘

画绘铜镜（局部） 西汉 陕西西安 铜镜彩绘

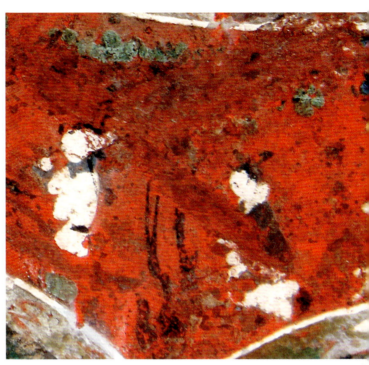

树 树下人物（局部） 西汉 陕西西安 铜镜彩绘

树 树下人物（局部） 西汉 陕西西安 铜镜彩绘

驷马之车　西汉　陕西西安　铜镜彩绘

乘骑　西汉　陕西西安　铜镜彩绘

单骑　西汉　陕西西安　铜镜彩绘

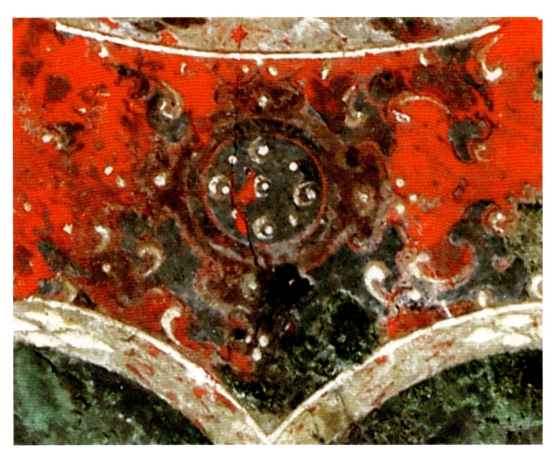

纹饰　西汉　陕西西安　铜镜彩绘

纹饰　西汉　陕西西安　铜镜彩绘

纹饰　西汉　陕西西安　铜镜彩绘

纹饰　西汉　陕西西安　铜镜彩绘

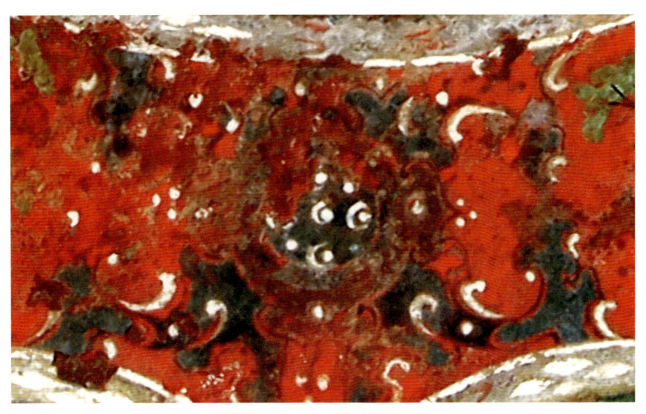

纹饰（局部）　西汉　陕西西安　铜镜彩绘

画绘铜盆 西汉 广西贵县 铜盆彩绘 1976年出土

器绘

铜器绘

画绘铜盆（局部） 西汉 广西贵县 铜盆彩绘 1976年出土

人物 西汉 广西贵县罗泊湾 1 号墓 铜筩漆绘 1976 年出土

器绘 铜器绘

孔子　西汉　江西南昌海昏侯墓　铜器绘

二女立像　东汉　甘肃武威　木板彩绘

一吏一马图　东汉　甘肃金塔肩水金关遗址　木板墨绘

器绘 木器绘

绘衣俑 西汉文帝时（约前160）
湖南长沙马王堆辛追墓 木俑彩绘

羌人图 东汉 甘肃武威 木板墨绘

其他

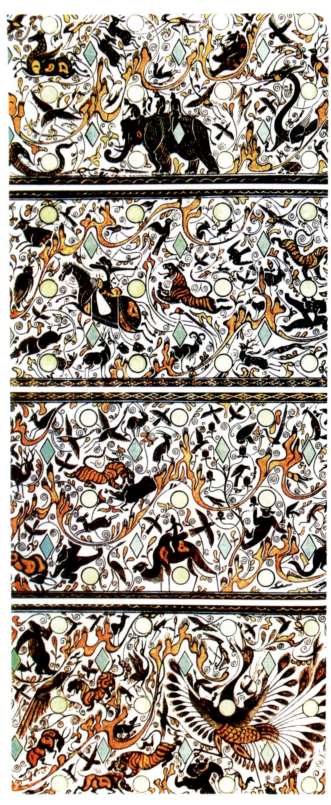

畋猎图　金银错铜车軎　西汉　河北定县122号墓　1965年出土

畋猎图（展开图局部） 金银错铜车軎 西汉 河北定县122号墓 1965年出土

畋猎图（展开图局部） 金银错铜车軎 西汉 河北定县122号墓 1965年出土

畋猎图（展开图局部）　金银错铜车𫐓　西汉　河北定县122号墓　1965年出土

畋猎图（展开图局部）　金银错铜车𫐓　西汉　河北定县122号墓　1965年出土

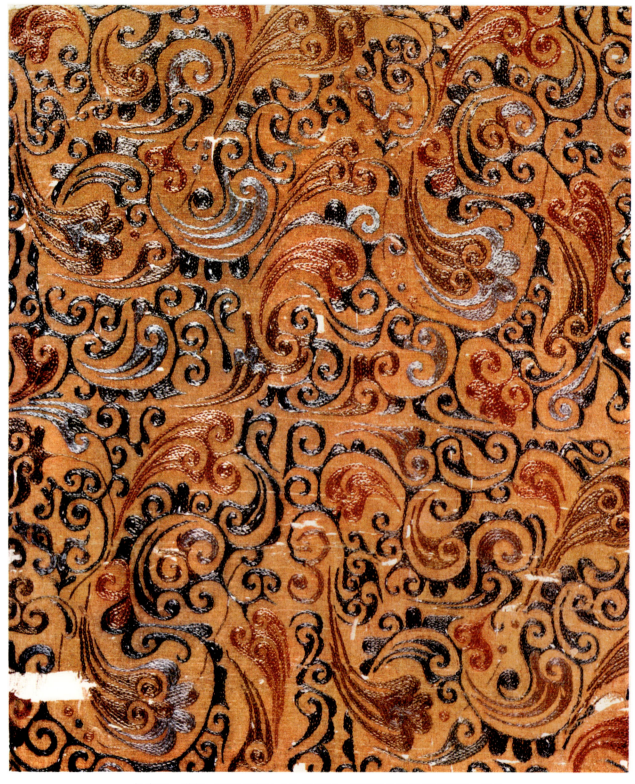

长寿绣 黄绢 西汉文帝时（约前160） 湖南长沙马王堆辛追墓 绣品

乘云绣 黄绮 西汉文帝时（约前160） 湖南长沙马王堆辛追墓 绣品

信期绣 黑色罗绮 西汉文帝时（约前160） 湖南长沙马王堆辛追墓 绣品

信期绣 烟色绢 西汉文帝时（约前160） 湖南长沙马王堆辛追墓 绣品

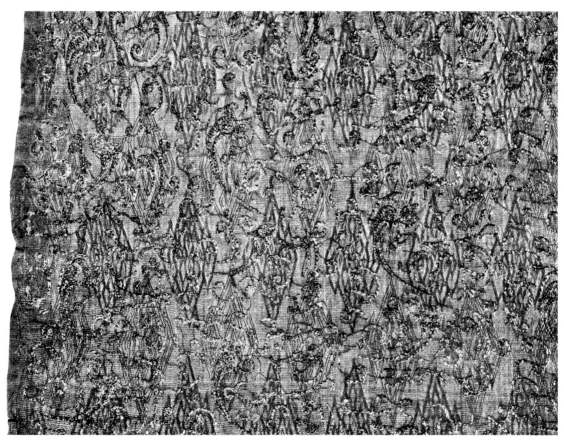

信期绣 烟色罗绮 西汉文帝时（约前160） 湖南长沙马王堆辛追墓 绣品

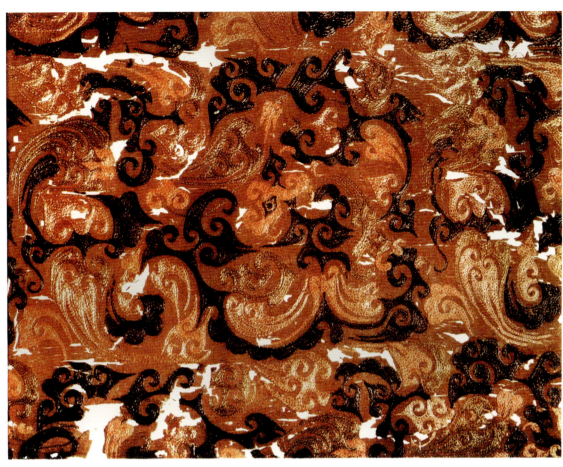

长寿绣　绛红绢　西汉文帝时（约前160）　湖南长沙马王堆辛追墓　绣品

茱萸纹绣　绢　西汉文帝时（约前160）　湖南长沙马王堆辛追墓　绣品

印花敷彩　纱　西汉文帝时（约前160）湖南长沙马王堆辛追墓　织物

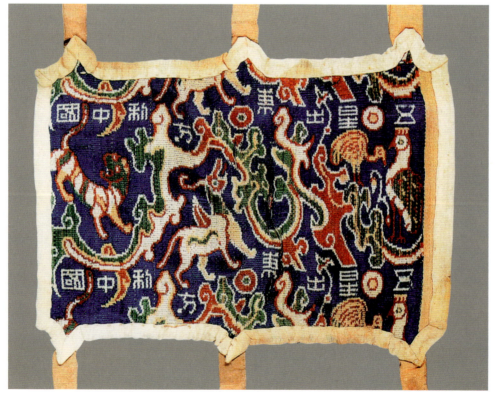

五星出东方利中国　东汉　新疆楼兰遗址　织锦

供养菩萨像 东汉 新疆民丰汉墓 棉布印染

"十三五"国家重点图书出版规划项目

中国汉画大图典

第七卷　丹青笔墨
（下）
壁绘

主　编　顾　森
副主编　徐婵菲

西北大学出版社
·西安·

编者的话

一、图典的结构

《中国汉画大图典》本质上是一套字典，不过是以图为字，用图像来解读先秦及汉代的社会和文化。本图典共七卷，一至六卷是黑白的，第七卷（上下册）是彩色的，共收有约13000个图像单元。根据现有图像的实际情况，以"人物故事""舞乐百业""车马乘骑""仙人神祇""动物灵异""建筑藻饰"几大门类来梳理和归纳，以期体现本图典这种形象的百科全书的特性。图像之外，文字部分主要有总序、各册目录、门类述要、专题文章、参考文献、后记等。

二、读者对象

本图典具有雅俗共赏的特色。其图像形象，能够为幼儿及以上者所识读；其文化内涵，能够为中学文化程度及以上者所理解；其图像、内容及其延展，则于文化学者、学术研究者和艺术创作者均大有裨益。

三、图像的来源和质量

本图典的黑白图像主要来源于画像石、画像砖、铜镜、瓦当、肖形印等五类器物的拓片。这些图像主要来自原拓，也有相当数量的图像来自出版物，极少量的图像来自处理过的实物摄影。

画像石是直接镌刻于石面上的，由于种种原因，如石质、镌刻工具、镌刻技艺等的不同，即使来自同一粉本，也不会出现完全雷同的图像，所以不同石面的拓片都具有"唯一"的特色，区别仅在于传拓水平高低带来的拓片精粗之分。画像砖、铜镜、瓦当、肖形印这几类，均是翻模、压模后埏烧或浇铸而成，雷同之物甚多。故在画像砖、铜镜、瓦当、肖形印中，出土地不同或时间早晚不同而拓片图像雷同之现象颇为常见，区别也仅在于传拓水平的高低带来的拓片精粗之分。画像石、画像砖、铜镜、瓦当、肖形印的拓片图像质量除了上述区别外，其共同之处就是，经过岁月的淘洗，一来画面的完整与残缺不尽相同，二来留存的图像本身的信息多寡不尽相同。

本图典的彩绘图像指壁绘、帛绘、漆绘、器绘（石、陶、铜、木）等，主要来自实物拍摄和出版物。今天所见的这些彩绘图像均来自地下墓葬，是汉代人留下的画绘实物，也是我们今天能看到的汉代人的画绘原作。因是附着于各类物体的表面，在地下环境中经历了几千年，仅有极少量（如少量漆绘作品）还能保留原初形象，其余大量只能用"残留"二字来形容。其质量的评定与画像石相似。但色彩保存的程度和绘制技法的特色，是彩绘图像特别重要的质量标准。

四、图像的选用

赏心悦目的画面，总是为受众所喜爱。本图典选用图像的标准，毫无疑问是质量好、保存原有信息量多。在这一总的原则下，对以下几类图像做灵活处理。

1. 有学术价值者。即能说明某一社会内容或某一文化现象的稀有图像，因其稀缺，故质量不好也选用。

2. 有研究价值者。即保留了不同时期信息或不同内容信息的图像，即使重复，只要多一点信息也选用。

3. 有应用价值者。即于研究、创作有参考或启发作用的图像，即使有残缺或漫漶也选用。

4. 有重要说明作用者。例如同一图像出现在不同时期或不同地区，很好地印证了某一图像的分布时段或地域，这种图像无论好坏多寡均选用。

五、图像的识别原则

图像的识别主要有以下两个原则。

1. 择善从之。经中外历代学者的努力，汉画图像的识别已有相当的学术积淀。择善从之主要表现在两个方面：一是选择有依据者，即有汉代文字题记或三国以前的文献记载者；二是"从众"，即接受学术界认同的或业界共同认知的。

2. 抛砖引玉。即对某些尚有争议或尚需进一步证明的认知，编者依据自己的学术判断来选用。这主要集中在本图典一些图像的内容、名称的判断上和一些门类的设立上。抛砖引玉就是不藏拙、不避短，将自己不成熟、不完善的认知作为学术靶子让同仁批评，最后求得学术和事业的发展。这样做于己于众均是好事。中国汉画中有太多至今让人不得其义的图像，只有经过学术的有的放矢的争辩，才能使真理越辩越明，最后达到精准识别之目的。

六、关于《丹青笔墨》卷

《丹青笔墨》卷为本图典的特辑，即其编写体例独特，与前几卷不完全相同。其原因一是时间紧迫，来不及收集更多资料，只就手中现有资料进行编写，以应目前此类出版物稀缺之急。二是仅仅一卷两册的篇幅，远远不能反映出汉代画绘应有的面貌（至少要编成六卷，才基本可以达到一定的量，才能较好地分类）。三是该卷中许多图像来自出版物，质量差强人意，只能勉强用之。即使如此，该卷也是目前将汉代画绘材料解析得最清楚、最详尽者。当然，其中也有不少地方分类不清晰，定位不精准。这些不足体现了编者目前的认知水平，也多少反映了今天学术界、考古界认知的基本情况。更深的认识，有待于今后的学习，以及考古发掘和研究成果的出现。

毕善其事是我们的初衷，但鉴于时间、条件、能力等方面的限制，不能尽善，材料的遗漏不可避免，甚至"网漏吞舟之鱼"也并非不可能。这些遗憾，我们会在今后的修订版中弥补。即使如此，我们还是深信这套大图典的出版会给读者或使用者带来一些惊喜和满足。首部《英语大词典》的编撰者，18世纪英国诗人、作家塞缪尔·约翰逊有一句妙语："词典就像手表，最差的也比没有好，而最好的又不见得就解释对了。"对一个词典的编者来说，这句话不能再好地表达他的全部感触了。

序　言

一

　　汉画是中国两汉时期的艺术，其所涵盖的内容主要是两部分：画绘（壁绘、帛绘、漆绘、色油画、各种器绘等），画像砖、画像石、铜镜、瓦当等雕塑作品及其拓片。

　　汉画反映的是中国前期的历史，时间跨度从远古直至两汉，地域覆盖从华夏故土辐射到周边四夷、域外多国。两汉文化是佛教刚传入中国但还未全面影响中国以前的文化，即两汉文化是集中华固有文化之大成者。汉画内容庞杂，记录丰富，特别是其中那些描绘神话传说、历史故事、生产活动、仕宦家居、社风民俗等内容的画面，所涉形象繁多而生动，被今天许多学者视为一部形象的记录先秦文化和秦汉社会的百科全书。作为对中华固有文化的寻根，汉画研究是一种直捷的方式和可靠的形式。正因为如此，汉画不仅吸引了文物考古界、艺术界，也吸引了历史、哲学、宗教、民俗、民族、天文、冶金、建筑、酿造、纺织等学科和专业的注意。

　　汉画的艺术表现，是汉代社会的开拓性、进取心在艺术上的一种反映，是强盛的汉帝国丰富的文化财产的一部分。汉画艺术不是纤弱的艺术，正如鲁迅所说，是"深沉雄大"的；汉画的画面充满了力量感，充满了运动感。汉画艺术并非形式单一，而是手法多样，形态各异。汉画中的画像砖、画像石、铜镜、瓦当等，不仅有线雕、浮雕、透雕和圆雕作品，还有许多绘塑结合、绘刻结合的作品；汉画中的画绘如壁绘、帛绘、漆绘、陶绘等，不仅包含各种线的使用方法，还有以色为主、以墨为主，甚至用植物油调制颜料直接图绘的方法和例子。汉画不是拘泥于某一种表现样式的艺术，在汉画里，既有许多写实性强的作品，更有许多夸张变形、生动洗练的作品。汉画继承了前代艺术的传统，并使之发扬光大，以其成熟、丰富的形式影响后代。看汉画，可以从中看到中国艺术传统的来龙去脉。如画像砖、画像石、铜镜、瓦当等雕塑作品，从中既能看到原始人在石、骨、玉、陶、泥上雕镌塑作的影子，也能看到商周青铜器上那些纹饰块面的制作手段。汉以后一些盛极一时的雕塑形式中，许多地方就直接沿用了汉代画像砖、画像石、铜镜、瓦当中的技法。看汉画，也能使人精神振奋，让人产生一种对博大精深的中华文化的自豪感。若论什么是具有中国风貌和泱泱大国气派的美术作品，汉画可以给出确切的答复。事实上，在今天的美术创作和美术设计中，汉画中的形象、汉画的表现手法随处可见。

二

关于汉代美术的独特地位，唐代张彦远《历代名画记》明确说及："图画之妙，爰自秦汉，可得而记。降于魏晋，代不乏贤。"郑午昌《中国画学全史》对此做了进一步的说明："中国明确之画史，实始于汉。盖汉以前之历史，尚不免有一部分之传疑；入汉而关于图画之记录，翔实可征者较多云。"这些议论都是关于绘画的，特别是指画家而言。但仅这一点，即汉代有了以明确的画家身份出现在社会中的人，就喻示了汉代绘画已摆脱了绘器、绘物这种附属或工匠状态。当然，汉代美术的独特地位不仅仅是指绘画的"可得而记"，而应包括美术各个门类的"可得而记"。汉代以前，美术处于艺术特性与实用特性混交的状态，汉代结束了自原始社会以来的这种美术附属于工艺的混交状态，包括工艺美术自身在内的许多独立的艺术门类，如绘画、雕塑、书法、建筑以及书论等等，都以一种不同于别的美术品类的形式出现。而一种独立的美术品类的出现，必然内含了其特殊的创作规律和表现形式，以及相当数量的作品等。正因为如此，我们便可以在这个基础上对汉代美术进行逐门逐科的研究。汉代美术的独特性，也就被这些越来越深入的研究所证明。

汉代美术并不是一道闪电，仅在一瞬间照亮天地，光明就随之消失。刚好相反，汉代美术一直光被后世，影响深远。汉代是中国美术发展史上的一个重要环节，它不仅对原始社会以来的美术从观念到技法进行了一次清理和总结，而且在继承的基础上给予了发展。正如汉代在中国社会的发展史上是一个重要的转折时期，汉代在中国美术的发展史上也是一个重要的转折时期。就画绘而言，且不论已有的各种笔法，只就汉武帝创"秘阁"，开皇家收藏先例，汉明帝置尚方画工、立"鸿都学"为画院之滥觞，蔡邕"三美"（赞文、书法、画技）已具中国画"诗、书、画"三元素而论，就能使人强烈地感受到汉代美术开了一代新风。

三

汉代曾有一大批专业画家和仕人画家，绘制了大量作品，或藏于内宫，或显扬于世间。可惜的是，两汉四百余年皇家的收藏和专业画家的作品均毁于兵燹，至唐时，已如吉光片羽，极为罕见。今天我们看到的汉代画绘实物基本上出自墓葬，因此我们今天所说的汉画，不是一般意义上的艺术，而是陵墓艺术。由此可得出汉画有别于其他艺术的两大特点：一是反映丧葬观念，二是反映流行于世的思想。

汉代人的丧葬观念，简而言之就是建立在极乐升仙和魂归黄泉思想基础上的"鬼犹求食""事死如事生"的信念，即是说对待死人如对待活人一般，让死人在神仙世界或黄泉世界得到在人世间已得到或未得到的一切。汉代流行于世的思想主要有祖先崇拜、天人之际、阴阳五行、今文经学、谶纬之学、建功立业、忠义孝行等等。除了衣食住行之需外，流行思想也普遍地出现在汉代墓葬中。汉墓中能体现丧葬观念和流行思想的，即我们通常所说的祭祀和血食两大内容。祭祀和血食在帝王陵中体现为在陵上修建陵庙（放置有祭祀用品，壁间满绘祭祀内容的图画）和陵寝（备有一切生活用品和奴仆的楼阁），在有地位的贵族的墓冢中则以修造墓祠来体现。汉代的陵庙、陵寝和绝大多数墓祠为木构建筑，早已荡然无存，至今只有极少的石质墓祠保留下来。祭祀和血食这两大内容便可从这些实物中得到证明。如现存较完整的山东长清孝堂山郭巨石祠，祠中满布石刻浮雕，画像内容主要为神话传说、历史故事和生活场景，即祭祀和血食两大部分。从目前发现的画像石墓来看，墓主人的官秩没有超过二千石的，都是中等财力或中等财力以下者，估计是因社会地位不高或财力不足而不能立墓祠。但墓主人又深受当时社会墓葬习俗的影响，出于对祭祀内容与生活内容的迫切需要，只好在墓内有限的地方用简略而明确的方式来表达这一愿望，即将祠庙的图绘部分直接搬来，又将陵寝的实物部分搬来，并表现为图绘形式。从现在的汉画出土情况来看，这些东西不能看成汉代艺术的上乘之作，只能看作民间艺术，或者是来源于专业画家粉本的非专业画家的作品。因此，汉画中反映的内容和题材，有很大一部分是流行于民间的思想，不能尽用史书典籍去套。如青龙、白虎、朱雀、玄武本是守东、西、南、北四方的天神，它们的图像多被视为代表某一方位。但在汉画中，它们不一定表示方位。汉代吉语中所谓的"左龙右虎辟不羊（祥）""朱雀玄武顺阴阳"，可能才是图绘它们的真正含义。许多墓葬中青龙、白虎、朱雀、玄武的位置也说明了这一点。

四

从保存现状来看，汉画里雕刻类作品总体上比画绘类作品保留得完整，在数量上也大大超过了它们。因此在汉画的研究或使用中，总是以画像砖、画像石等为主。今天所说的汉画，在相当大的范围内指的是画像砖、画像石。

画像砖几乎遍及全国各地，其主要分布在陕西、河南、川渝地区（四川、重庆）。画像砖艺术是许多图样的源头，体现在陕西画像砖里；其发展中的重要转折，体现在河南画像砖中；而其集大成者，则体现在川渝画像砖上。中国古代的许多图样往往起于宫中，再流入民间，继而风行天下。陕西秦汉宫室和帝王陵墓中画像砖上的许多图样，也是两汉画像砖上许多图样的最早模式。河南画像砖中，以洛阳画像砖为代表的粗犷、豪爽风格和以新野画像砖为代表的精美、劲健风格，给人的艺术感受最为强烈。川渝画像砖以分布地域广、制作时间成系列、反映社会内容丰富、艺术手法生动多样为特色。

画像砖不因材质的不同而形成各地区的不同风格和特征，而是出现了由尺寸及形状不同而产生的不同的画面处理。这些画面处理为后代积累了许多艺术创作原理方面的经验和相应的技法。如秦、西汉大空心砖，一砖一图或一砖多图，或以多块印模反复印制同类图形后再组合成一个大的画面。河南南阳和川渝地区的方砖、条砖则因尺寸小而主要是一砖只表现一个主题或情节。在这些画像砖上，尤其是川渝地区的画像砖上，线雕与浮雕更精细，构思更巧妙，阴线、阳线、浅浮雕、中浮雕的运用和配合更熟练，更有变化。正如汉瓦当圆形内是成功的、饱满的构图一样，川渝地区在不同尺寸的方砖、条砖乃至砖棱上，都能巧妙地创作出主题明确而又生动的画面。在画面的多种构思上，川渝画像砖成就尤为突出。

画像石分布在山东、河南、四川、重庆、江苏、陕西、山西、安徽、湖北、浙江、云南、北京、天津、青海等十余个省市。其中以山东、河南南阳、川渝地区、陕西榆林（陕北）、江苏徐州五个区域密度最大，数量最多。

山东是升仙思想的发端地之一，多方士神仙家。山东又是儒家的大本营，先后出了孔子、孟子、伏生、郑玄等在儒学发展史上开宗立派、承上启下、集时代之大成者，还有以明经位至丞相的邹人韦贤、韦玄成父子。山东画像石多经史故事和习经内容，也多西王母等神仙灵异内容，正是汉时山东崇儒求仙之风的生动写照。山东画像石多使用质坚而细的青石，雕镌时以凝练而精细的手法进行多层镌刻，雕刻技法多样，高浮雕、中浮雕、浅浮雕、透雕都能应用得恰到好处。山东画像石以数量多、内容丰富、可信年代者延续有序、画面精美复杂、构图绵密细微为世所重。

《后汉书·刘隆传》曰："河南（洛阳）帝城多近臣，南阳帝乡多近亲。"说明河南南阳在东汉时期是皇亲国戚勋臣的会集之地，也是皇家势力所控制的地区，崇奢者竞富，势在必然。光武帝刘秀起兵南阳得天下后，颁纬书于天下，《白虎通德论》又将谶纬思想融入钦定的儒家信条中。这种以天象、征兆来了解天意神谕，以荒诞的传说来引出结论的思想，弥漫天下。我们今天看到的南阳画像石，多天象、神异和男女侍者等内容，对东汉时帝王、权贵的生活和思想，尽管不是直接反映，但起码也是当时南阳世风的反映。南阳画像石多使用质坚而脆的石灰石，雕镌时使用了洗练、粗犷的手法，主题突出，形象鲜明。画像造型上，南阳画像石上的人物除武士外，一般都较典雅、沉稳、恭谨；动物和灵异因使用了夸张变形的表现手法而显得生动活泼、多姿多态，颇有呼之欲出之势。

川渝地区，从战国到秦汉，一直被当时的政权作为经济基地来开发。秦时都江堰水利工程的建成，更使蜀地经济实力得到增强。正因为有了这个殷实的经济后方，不仅"汉之兴自蜀汉"（《史记·六国年表》），秦得天下也是"由得蜀故也"（《蜀鉴》）。

画像砖、画像石的生产、交换题材，集中出现在川渝地区，如"市井""东门市""采盐""酿酒""采桑""借贷""交租""收获""采莲""捕鱼""放筏""播种""贩酒"等，既反映了汉时川渝地区蓬勃发展的经济，也反映了川渝地区在秦汉两代是经济后方的事实。川渝画像石对汉代俗文化的反映是很典型的，举凡长歌舞乐、宴饮家居、夫妻亲昵等多有所表现。川渝画像石多使用质软而粗的砂石，雕镌时注重体量，浮雕往往很高，风格粗放生动，尤其以彭山江口崖墓富于雕塑语言表达的高浮雕、乐山麻浩崖墓画面宏大的中浮雕等崖墓石雕，以及一些石阙、石棺浮雕最有代表性。

陕北画像石的内容，较少出现别的地区常有的历史故事，也未见捕鱼、纺织等题材，而是较多反映了边地生活中的军事、牧耕、商业等内容，以及流行于汉代社会的神仙祥瑞思想。这正反映了陕北在出现画像石的东汉初中期，商人、地主、军吏成为此地主要的富有者和有权势者。陕北画像石生动地反映了这些文化素养不高又满脑子流行思想（升仙、祥瑞）的人的追求。陕北画像石使用硬而分层的页岩（沉积岩），不宜做多层镌刻，图像呈剪影式，再辅以色彩来丰富细节。在形象的处理上，不追求琐碎的细节；在处理各种曲线、细线和一些小的形象时，多采用类似今天剪纸中"连"的手法，一个形象与一个形象相互连接，既保证了石面构架的完整，又使画面显得生动丰富。平面浅浮雕基本上是陕北画像石采用的唯一一种表现手法，因此陕北画像石是将一种艺术形式发挥得淋漓尽致的典型例子。华美与简朴，纤丽与苍劲，流畅与涩拙，都由这一手法所出，表现得非常成功。一般来说，反映农耕牧业等生产内容的画面，往往都刻得粗犷、简练；反映狩猎、出行等官宦内容的画面，往往都刻得生动、活泼；反映西王母、东王公、羽人、神人、神兽等神仙祥瑞的画面，往往都刻得细腻繁复，尤其是穿插其间的云气纹、卷草纹等装饰纹样，委婉回转，飞动流畅，极富曲线之美。在辅之以阴线刻、线绘（墨线与色彩线）、彩绘（青、白、绿、黑等）这些艺术手段后，完整的汉代画像石墓往往表现出富丽华贵之气。从总体上看，极重装饰美这一点，在陕北画像石中表现得最为突出。

徐州在汉代是楚王封地，经济发达，实力雄厚。20世纪50年代以来，先后发掘的几座楚王墓，都是凿山为陵、规模宏大的工程，真可雄视其他王侯墓。这种气度和风范在画像石中，主要体现为对建筑物的表现和巨大画面的制作。这些建筑多是场面大、组合复杂、人物众多的亭台楼阁、连屋广厦，均被表现得参差错落、气势非凡。加上坐谈、行走、宴饮于其中的人物，穿插、活动于其中的动物和神异之物，既使画面生动有致、热闹非凡，也真实地反映了汉代徐州地区的富庶和权贵们生活的奢侈。徐州画像石与南阳画像石一样，多用质坚而脆的石灰石；不同的是，徐州画像石中有一些面积较大的石面，雕镌出丰富庞杂的画面。这种画面中，既有建筑，也有宴饮，还有车马出行、舞乐百戏等宏大场面。在这些大画面的平面构成上，人物、动物、灵异、建筑、藻饰等的安排密而不塞，疏而不空，繁杂而有秩序层次，宏大而有主从揖让。

  无论是画像砖还是画像石，最后一道工序都应是上色和彩绘。细节和局部，正依赖于这一工序。一些砖、石上残留的色彩说明了这个事实。如陕北榆林画像石上有红、绿、白诸色残留，四川成都羊子山画像石上有红、黄、白诸色残留，河南南阳赵寨画像石上有多种色彩残留，等等。精美而富于感情的"文"，是今天借以判断这些砖、石审美情趣的依据，可惜已失去了。今天能看到的画像砖、石，大都是无色的，仅仅是原物的"素胎"和"质"，即砖、石的本色。岁月的销蚀，使这些砖、石从成品又回到半成品的状态。用半成品来断定当时的艺术水准并不可靠，仅从"质"出发对汉代艺术下判断也往往失之偏颇。半成品用来欣赏，给观众留下了足够的余地，给观念的艺术思维腾出了广为驰骋的天地。观众可用今天的审美观、今天对艺术的理解和鉴赏习惯，运用自己丰富的想象力，去参与这种极为自由的艺术创作，去完成那些空余的、剩下的部分。引而不发的艺术品，更能使人神思飞扬。这也是今天对画像砖、画像石的艺术性评价甚高的原因。汉画像的魅力就在于此。

  画像砖、画像石作为一种特殊的艺术品，所依托的是秦汉的丧葬观念。秦汉王朝的兴衰史，也是画像砖、画像石艺术从发达到式微的过程。从这个意义上讲，画像砖、画像石艺术是属于特定时代的艺术。但是，画像砖、画像石所积累下的对砖、石这两种材料的各种应用经验，积累下来的在砖、石上进行创造的法则和原理，则通过制作画像砖、画像石的工匠们口手相传，流入后代历史的江河中。且不论汉以后的墓葬艺术中还随时可看到汉画像的影子，就是在佛教艺术开龛造窟的巨大营造工程中，在具体处理各种艺术形象时，也处处可见汉画像的创作原理和技法的运用。画像砖、画像石艺术是汉代人用以追求永恒的一种形式，但真正得以永恒的并不是人，而是画像砖、画像石艺术自身。

五

所谓画像，就其本义来说是指拓片上的图像，即平面上的画，而不是指原砖、原石。中国对汉代这些原砖、原石的研究，几百年来基本上是根据拓片来开展的。而且，用拓片做图像学式的研究还主要是近一百年的事。

画像砖、画像石多为浮雕，本属三维空间艺术。拓片则是二维空间艺术。以二维空间艺术（拓片的画面）对三维空间艺术进行研究，即对画像砖和画像石的布局、结构、气韵、情趣等方面进行研究，是中国特有的一种研究方法。从今天的角度或今天所具有的条件来看，应赋予古人的这种方法以新的含义，即拓片的研究应是综合性的。这种综合性是随画像砖、画像石本身的特点而来的。例如画像石的制作，起码有起稿上石、镌刻、彩绘、拓印这四个环节。每一个环节都是一次创作或再创作，如起稿上石所体现的线的运动和笔意，镌刻所体现的刀法和肌理，彩绘所体现的随类赋彩和气韵，拓印所体现的金石味、墨透纸背的力量感和石头的拙重感，等等。这四个环节是从平面到立体，又从立体回到平面，这种交替创作发人深省。拓片的出现最初肯定是以方便为动机，后来拓片就成了艺术的一种形式而被接受，这正体现了中国传统美学对艺术朦胧、得神、重情的一种要求。

拓片是我国特有的艺术工艺传拓的作品。汉画拓片，主要指汉代画像砖、画像石的拓片。这些拓片不是原砖塑、原石刻的机械、刻板的复制品，而是一种艺术的再创作。好的拓片不仅能将雕镌塑作的三维作品忠实地转换成二维图形，而且能通过传拓中所采用的特殊方法，在纸面上形成某些特殊的肌理或凹凸，使转换成的二维图形具有浓浓的金石韵味。拓片实质上是一种特殊的艺术品。正如所有的艺术品都有高低优劣之分，拓片也有工拙精粗之分。拓印粗拙的所谓拓片，既没有忠实记录下原砖、石上的图像信息，也没有很好地传达出原砖、石上特有的艺术韵味。这种所谓的拓片，就像聚焦模糊的照片，看似有物，实则空无一物，是废纸一张。而好的拓片历来被学者和艺术家所看重，而且往往成为他们做出一些重要学术判断的依据或提高艺术表现的借鉴。许多艺术家就是根据好的拓片创作出一些精彩作品的。

今天，汉代墓室画绘，汉画像砖、画像石的原砖、原石及其拓片，铜镜、瓦当及其拓片等汉代图像资料，被广泛地应用于多学科的研究和各类艺术创作实践中。古老的汉画，因其新的作用和特有的魅力，实现了自身的蜕变和升华，成为我们新时代文化构成的重要部分。

顾　森

2021 年 12 月 15 日

目 录

汉代画绘述要 …………………………………………… / 1

壁绘 …………………………………………………… / 11

   人物故事 …………………………………………… / 13

      人物组合 …………………………………………… / 13

      墓主人 ……………………………………………… / 20

      故事 ………………………………………………… / 29

      人物 ………………………………………………… / 34

         武士 ……………………………………………… / 34

         人物男 …………………………………………… / 39

         人物女 …………………………………………… / 49

         从侍男 …………………………………………… / 66

         从侍女 …………………………………………… / 89

   舞乐百业 …………………………………………… / 101

      舞乐百戏 …………………………………………… / 101

家居游猎 …………………………………… / 115

农工商 ……………………………………… / 145

庖厨 ………………………………………… / 151

车马乘骑 ……………………………………… / 154

车骑出行 …………………………………… / 154

车驾 ………………………………………… / 165

乘骑 ………………………………………… / 186

马 …………………………………………… / 197

仙人神祇 ……………………………………… / 200

仙人 ………………………………………… / 200

神祇 ………………………………………… / 235

天象 ………………………………………… / 239

其他 ………………………………………… / 256

动物灵异 ……………………………………… / 259

四神与麒凤 ………………………………… / 259

  畜兽 …… / 282

  禽鸟 …… / 296

  组合 …… / 311

建筑藻饰 …… / 314

  组合 …… / 314

  楼阁与多层建筑 …… / 334

  庭院与台榭 …… / 338

  藻饰 …… / 343

本卷参考文献 …… / 358

附录一　协助编辑工作人员名单 …… / 360

附录二　丛书所涉县级以上行政区划原名、现名对照表（截至 2021 年 12 月） …… / 361

后记 …… / 363

汉代画绘述要

一

在考察汉代画绘时，不难发现一个不无遗憾的事实：凡见于文献记载的画绘作品（应为最重要的和水平最高的）全部失传，并且历经汉代本身及三国、两晋、南北朝的多次战乱和浩劫，最迟在唐宋之际就荡然无存。而幸存至今的所有汉代画绘遗品（其绝大部分为次要的和水平不太高的）几乎都不见文献记载，全部是依赖20世纪以来的田野考古从地下获得的。因此，汉代画绘在理论上可截然分为虚、实两大类：虚，即以文献为中心的画绘，简称史载画绘；实，即以出土文物为中心的画绘，简称遗存画绘。两者既泾渭分明，又虚实相生，互为印证，构成中国美术史研究中的奇特现象。痛失以文献记载为中心的汉代画绘，使我们只能从支离破碎的文字记录上凭借想象力构筑当时的宏伟图景；复得以出土文物为中心的汉代画绘，使我们有幸亲睹甚至作古千年的张彦远也未曾知晓的遗宝。

由此，它导致了汉代画绘研究中的两种基本方法：文献研究和实物研究。文献研究是在田野考古未传入中国前最为普遍的传统研究方法。研究者根据《史记》《汉书》《后汉书》《西京杂记》等文献典籍，得到一大堆由只言片语汇集而成的文字材料。这些材料大多是可信的，但它们主要记载宫廷画绘，对地方的和民间的画绘则语焉不详，更致命的弱点是所描绘的作品已不存实物。因此，实际上我们无法从中判断汉代画绘水平。实物研究主要依靠出土材料即遗存画绘。它的可视性使人对陌生的汉代画绘眼见为实。百闻不如一见，它所带来的真切视觉感受和审美体验是任凭文献说千道万所不能替代的。但是，遗存画绘只代表了汉代画绘最起码的水平和数量，远远不能反映汉代画绘所达到的高度的全貌。因此，仅仅依靠文献记载来论述汉代画绘，只能导致苍白干瘪、千篇一律的材料堆砌；而零散的地下发掘物又不足以反映出汉代画绘的宏大博深。真正的汉代画绘史只有在两者结合的基础上才能写就。文献研究的意义在于把握汉代画绘的发展脉络和宏观概要，实物研究的意义在于以生动的直观材料，使前者附以血肉。

二

存世的汉代画绘，简略地可分为五类：墓室壁绘，帛绘，漆绘，器绘，其他。

（一）墓室壁绘

1. 汉墓壁绘的发现

汉墓壁绘的发现，得益于西方近代考古学的东渐。从20世纪初至抗日战争结束（1945），日本人在辽宁省进行田野考古时，先后发掘了辽阳的迎水寺墓（1918）、大连营城子墓（1931）、南林子墓（20世纪40年代初）、北园1号墓（1943）及棒台子1号墓（1944）等汉魏壁绘墓，由此揭开了现代汉墓壁绘考古和研究的序幕。大致同期，河南洛阳旧城西八里窑（旧误为"八里台"）的一座西汉晚期空心砖壁绘墓，也在被盗掘时发现。

20世纪50年代至60年代，随着新中国考古事业的发展，在各地不断发现了更多有价值的汉壁绘墓，洞开了人们的眼界。其中较重要的发现有：河北望都两座东汉晚期大型砖室壁绘墓（1952—1956），山东梁山后银山壁绘墓（1956），内蒙古托克托闵氏壁绘墓（1956），河南洛阳烧沟西汉晚期61号壁绘墓（1957），江苏徐州黄山陇壁绘墓（1958），山西平陆枣园村壁绘墓（1959），河南密县打虎亭两座东汉晚期大型壁绘墓（1960—1961），辽宁辽阳棒台子和三道壕壁绘墓，等等。

20世纪70年代以来，又先后发掘了河北安平逯家庄壁绘墓（1971）、定县八里店壁绘墓（20世纪70年代），陕西千阳壁绘墓（1972），内蒙古和林格尔东汉晚期大型砖室壁绘墓（1972—1973），安徽亳县董园村两座壁绘墓（1973），河南洛阳西汉晚期卜千秋壁绘墓（1976）、洛阳金谷园新莽壁绘墓（1978）。

20世纪80年代，发掘了河南洛阳唐宫路东汉壁绘墓（1981），河南偃师杏园村东汉壁绘墓（1984），甘肃武威韩佐乡五坝山西汉壁绘墓（1984—1985），辽宁辽阳北园3号东汉壁绘墓（1986），河南永城柿园大型西汉壁绘墓（1986），山东济南市青龙山东汉晚期画像石壁绘墓（1986），陕西西安交通大学西汉壁绘墓（1987），内蒙古鄂托克旗西汉晚期壁绘墓（1988），等等。

20世纪90年代，发掘了内蒙古鄂托克旗巴彦淖尔凤凰山东汉壁绘墓（1990），河南洛阳机车厂东汉壁绘墓（1991），河南洛阳朱村东汉—曹魏壁绘墓（1991），河南偃师辛村新莽时期壁绘墓（1991），河南洛阳浅井头西汉壁绘墓（1992），甘肃张掖民乐东汉壁绘墓（1993），等等。

再加上广州西汉南越王墓及其他有壁绘的汉墓，20世纪以来，已发掘和已知的汉壁绘墓共计40座以上。

进入21世纪，在陕西、山东等地又发现多处汉代壁绘墓。如陕西旬邑县原底乡百子村东汉壁绘墓（2000—2001），四川中江塔梁子东汉壁绘墓（2002），陕西定边郝滩东汉壁绘墓（2003），陕西西安理工大学西汉1号墓（2004），陕西靖边杨桥畔东汉壁绘墓（2005），山东东平后屯西汉—新莽三座壁绘墓（2007），陕西西安曲江翠竹园西汉1号墓（2008），陕西靖边老坟梁汉代三座壁绘墓（2009），陕西靖边渠树壕东汉壁绘墓（2015），内蒙古乌审旗巴日松古敖包东汉壁绘墓（2015），等等。

汉墓壁绘可分为前后两期：前期为西汉至东汉早期，有广州西汉南越王墓、河南永城柿园大型西汉壁绘墓、甘肃武威韩佐乡五坝山西汉壁绘墓、河南洛阳旧城西八里窑西汉晚期空心砖壁绘墓、河南洛阳烧沟西汉晚期61号壁绘墓、河南洛阳西汉晚期卜千秋壁绘墓、山东东平后屯西汉—新莽三座壁绘墓、河南洛阳金谷园新莽壁绘墓、山西平陆枣园村壁绘墓、陕西千阳壁绘墓、陕西西安交通大学西汉壁绘墓、陕西西安理工大学西汉1号墓、陕西西安曲江翠竹园西汉1号墓、内蒙古鄂托克旗西汉晚期壁绘墓等处的壁绘；后期为东汉中、后期，包括其他所有汉墓壁绘。

2. 汉壁绘墓的分布

中国现存的汉壁绘墓，除广州南越王墓和四川中江塔梁子墓外，主要分布于北方地区，如甘肃、内蒙古、山西、陕西、河北、河南、山东、辽宁等省区。这些地区在当时正是北方的经济、文化中心或军事要塞。综合它们的分布点，可以将其划分为六个区域。

（1）晋豫鲁苏皖区：这是汉代经济、文化重地。前期的柿园、五坝山、西八里窑、烧沟、卜千秋、后屯、金谷园等八处壁绘墓，以及打虎亭、黄山陇、后银山、安徽亳县董园村等地的汉壁绘墓，均属此区。此区尤以洛阳及其周边的壁绘数量多、时间跨度大，因而最具研究价值。晋豫鲁苏皖区的西汉墓中，壁绘内容以升仙、神话故事和天象为主，少量的有历史故事和庄园、农耕题材。该区的东汉壁绘墓及本地流行的画像石墓，大多是纯石结构或砖石混合结构，而且壁绘和画像石往往混用。升仙的画面不见了。表现墓主人生前官宦经历和威仪、娱乐、宴饮的画面成为壁绘的主要内容。

（2）关中及其周边地区：由于西汉建都关中长安（今西安一带），关中地区遂成为西汉王朝政治、经济、文化的中心地区。西汉设有皇家画工制度，使当时技艺高超的画绘能手得以集中。这一历史背景促成关中地区多丹青妙手。根据《西京杂记·卷二·画工弃市》中所载，当时被斩于市的六个画工都是关中地区的人（杜陵毛延寿，安陵陈敞，新丰刘白、龚宽，下杜阳望，樊育）。西汉时关中一地的宫室等建筑上繁多、丰美的图绘，皇室及贵族们收藏的缣帛画绘，只能在史料记载中读到，其实物均因战火兵燹、岁月淘洗而消亡，不为今人所感知。但有一点可以肯定，即西汉关中地区的画绘体现了当时的最高水准。这一点从西安已出土的三座西汉墓室壁绘可看出一斑。位于此区边沿的旬邑百子村东汉墓中的壁绘也风貌独具。关中及其周边地区的壁绘，其内容除表现天象（二十八宿等）外，更多的是表现世俗生活中的行猎、宴饮、观舞乐等场景。此区壁绘体现了一种富贵之气。壁绘用色鲜亮，制作精致。

（3）冀中南区：该区处于农耕文化较发达的华北平原，有河北望都所药村、安平逯家庄、定县八里庄的四处汉代壁绘墓。冀中南区全是规模宏伟的多室墓，有大规模的车骑出行图、人物众多的大幅属吏图。它们是本区最富有特色的壁绘内容。

（4）长城沿线区：该区位于两汉边陲，主要包括内蒙古鄂尔多斯、鄂托克、和林格尔、托克托、杭锦及陕北榆林等地的壁绘墓。长城沿线区的汉墓壁绘，主要绘于墓室中室和东、西耳室。和林格尔1号墓的壁绘是本区最大的，同时也是迄今所见内容最丰富的汉墓壁绘。榆林一带的汉墓壁绘多以朱、黑等色直接绘于砖面上，内容主要为天象（二十八宿等）、车马、人物、建筑等，年代可能早至东汉中期。

（5）辽南区：该区中心地辽阳是东汉辽东郡治所，汉魏之际又是公孙氏割据政权统治的中心，未经东汉末战乱。该区的壁绘墓较为集中而完整，分布于今辽宁辽阳市北郊太子河两岸，主要有北园、棒台子、三道壕汉墓，还包括大连营城子墓。辽南区的壁绘直接绘于石面上，内容以车骑出行、百戏和宴饮等为主。

（6）河西区：河西走廊是著名的丝绸之路要冲和两汉通西域的要道，汉武帝在此新设有武威、张掖、酒泉、敦煌四郡。今在武威、张掖等地发现东汉晚期壁绘墓若干座。这些墓的墓制为多室砖券结构，壁绘简单，笔法拙而有力，内容也有独特之处。

3. 墓室壁绘的绘制过程

汉墓壁绘的绘制过程，大致可分为以下三种类型：

（1）用空心砖构筑的墓室。造墓之前，往往先在空心砖上粉底、编号，然后将其拼合起来，按照粉本图样于其上以墨勾轮廓，画出线条，再用矿物质颜料平涂或点色成画，最后根据设计方案按照编号砌成墓室。这种类型以洛阳卜千秋墓、烧沟61号墓、西八里窑汉墓为代表。

（2）用小砖构筑的墓室。这类墓室只能在建成以后，再粉底绘制壁绘。大部分汉墓壁绘都是这种类型，以和林格尔1号墓为代表。

（3）用石板构筑的墓室。这类墓室一般也是在建成以后再粉底绘制壁绘。但如果石板本身比较平整光滑，也常常不粉底而直接在石板上绘制壁绘。辽阳汉墓壁绘大都是这种类型。还有的是在凿空石山的整体石室墓中粉底绘壁绘，如商丘永城汉墓壁绘。

一般说来，第一种类型可以在地面上绘制，场地开阔，光线明亮，时间宽裕，画工可以较多地发挥技法，因此大多画得较为精美；第二、第三种类型则只能在地下完成，由于受墓室空间狭窄、光线微弱及入葬时间紧迫等不利因素的限制，画工难以施展技能，故大都画得较为简略草率，墓顶、墙脚、角落等部位尤甚，但幸好在这些地方绘制的都是壁绘内容的次要方面。

4. 墓室壁绘的技法

汉墓壁绘都以毛笔为工具，以墨和颜料为主要材料。使用化学性质稳定的朱、绿、黄、橙、紫、青、白等色的矿物质颜料，有的颜料中还掺和有胶质物，因而颜色经久不变，发掘时色彩还很鲜艳。在画绘技法上，汉墓壁绘发展了周秦至西汉早期宫廷壁绘上先墨线勾勒轮廓再平涂色彩的手法。前期的色彩更为瑰丽，用笔工细。至东汉晚期，出现大笔挥洒的写意法，以及不勾轮廓而直接施色的没骨法、单色线勾法和白描法。有的画面如望都1号墓壁绘中的属吏人物，还使用了能表现出质感效果的晕染法。在构图上，摆脱了周秦以来呆板的图案式横向排列的形式，开始讲究比例和透视关系。有的画面铺天盖地，满壁飞动，极力表现广阔的时空和盛大的场面；有的则均衡疏朗，无需背景，注重人物形象的刻画，精细描绘人物复杂而微妙的性格特征。甚至可以极言：以后中国画的各种技法都可在汉墓壁绘中找到渊源。

（二）帛绘

今天存世的汉代帛绘有二十幅，均出自20世纪50年代以来的考古发掘。这二十幅帛绘中，甘肃武威磨嘴子墓的三件属东汉时期，图像简略；山东临沂金雀山汉墓的三件（公元前140—前87年间下葬），其中一件较完整但图像已模糊，另两件为残片；广东广州南越王墓墓主为第二代南越王赵眜（公元前128—前117年间卒），此墓也有帛绘残片出土。

1972—1974年，湖南长沙马王堆西汉墓群被发掘。从马王堆1号和3号两座墓中共得帛绘十三幅。马王堆汉墓帛绘不仅年代早（绘制于公元前168年前后），而且多幅帛绘的图像清晰、内容丰富，是今天研究汉初画绘最重要的实物。在现已发掘的西汉初期墓葬中，马王堆汉墓是唯一一处具体下葬年代清楚、死者见于《史记》和《汉书》记载的墓地，从而为汉初这个重要历史阶段的画绘研究和整个帛绘发展的研究提供了可靠的断代标尺和审美标尺。

马王堆1号、3号墓各出一幅"T"形帛绘。根据两座墓中分别出土的遣策，当称其为《非衣帛画》。它们虽然具有与衣服相近的质料——丝织品，与衣服（尤其是当时死人所穿的对襟）相近的形状——"T"形，与衣服相近的作用——覆盖，但并非穿着用衣。非衣的作用是在灵堂高悬祭祀，出殡时在行列中高举招魂，入葬时覆在棺盖上安魂并引魂升天。东汉时期，旌幡帛绘的内容简化，以至于省略画面，变成旌铭，再变异为今天的祭帐，神巫内容和人间内容在帛绘上完全消失。东汉末年，随着竖穴式木椁墓为砖室墓和石室墓所取代，帛绘完全消失，其功能被广为流行的墓室壁绘所取代。有趣的是，非衣帛绘的形式并没有随着墓室壁绘的取代而消失，反而变成一种壁绘的内容出现在墓室中。例如，在山东东平后屯M1新莽壁绘墓和陕西旬邑百子村东汉壁绘墓中，天门就被画成巨大的非衣似的"T"形。

马王堆非衣帛绘所绘内容，为天界、人间、冥界。非衣之外，尚有帛绘十一幅。《天文气象杂占图》《太一将行图》《卦象图》《毛人图》属巫术内容，《划船招魂图》反映墓主家族为其招魂场面，也属带巫术色彩的内容——此五件均可视为神巫内容帛绘。《车马仪仗图》《行乐图》《导引图》《丧制图》《城邑和园寝图》《建筑图》反映了墓主人生前的活动内容——此六件可称为人间内容帛绘。马王堆的十三件帛绘，以天界、冥界、人间、神巫几方面的内容，反映了汉初人对世界的认识，同时也让我们通过可视形象了解到汉初人们想象中的天界、冥界的具体内容。

帛绘是卷轴画的前身，它的制作工艺和绘制技艺直接泽被后世。

湖南长沙在马王堆汉墓帛绘发现前，已发现过战国时期的帛绘，即《龙凤仕女图》《人物御龙图》。从造型能力和对线描的控制能力两方面看，这两件作品已达到较高的水平。

马王堆帛绘的出土，解除了我们的许多疑惑。其中最重要的就是解除了我们对历史文献中对汉代画绘高超技艺描述的疑问。按照通常的规律，一个历史时期的艺术，其立体的雕塑和平面的画绘应处于相同的水准。看了秦始皇帝陵生动写实的兵马俑、文吏俑、动物俑，看了汉景帝阳陵生动写实的兵马俑、文吏俑、动物俑，我们本应相信秦和汉初的画绘在生动写实这点上，水准应是很高的。同时期的文献如《史记》《汉书》也提到了。但我们仍然质疑。看了马王堆出土帛绘的原件后，一切质疑冰释瓦解了。

从中国画绘史的角度来粗略划分，汉至唐这一时段人物画成就斐然，五代至宋元这一时段山水画成就斐然，明清时期花鸟画成就斐然。马王堆出土的十三幅帛绘上大量的人物图像，就能很好地传达出当时的艺术成就。例如，马王堆1号、3号墓分别所出的《非衣帛画》中墓主人轪侯夫人辛追的画像和第二代轪侯、辛追之子利豨的画像，既是中国目前发现最早的肖像画，也是这一时期肖像画的代表作。这两幅肖像画，不仅写实传神，更为重要的，是规定了中国肖像人物画的一些原则。如主大从小的原则、色分尊卑的原则、传神写照的原则等。这些原则不仅仅体现在后世肖像人物画的创作中，也体现在后世宗教神像的制作中。除墓主人的画像外，两件《非衣帛画》中描绘的那些男女侍从、幕僚、兵士、伎乐、术士、神人，以及龙、凤、马、鹿、羊、兔等动物灵异，也因各种笔法的描写而显得神气活现。

站在两千多年前汉初的画绘作品前，我们会因这些作品表现出的先人的高超技艺而感到自豪。同时又有一种失落感，那就是帛绘中那种元气淋漓、朝气勃勃的气象在今天的许多艺术作品中消失或淡化了。多看看汉画，或许能将阳刚大气之魂招回来。

（三）漆绘

在青铜器没落，瓷器尚未兴起之间，轻盈而华丽的漆器成为显示个人地位和品位的高级实用品。汉代是漆器发展和使用的一个高峰时期。除了制作技术高超外，汉代漆器精美的绘制效果亦令人叹为观止。

漆绘本属器绘一类，因其有特殊的工艺和存世量大，故单列为一类。

汉代的漆绘，就现在已出土的实物而论，表现出两大特点：

（1）主要出在南方地区。目前发现汉代漆绘的地区，有我国的湖南、湖北、安徽、江苏、四川、广东、广西、贵州、山东、甘肃等省区及朝鲜平壤的乐浪（汉时为乐浪郡）。其中山东、甘肃和朝鲜乐浪等地属北方地区，出土漆器数量少或仅有零星出土。其余皆为南方省区。这其中又以湖南、湖北、江苏三地为代表，出土的漆器数量多、品类多，且绘制精美悦目。湖南漆绘，以长沙马王堆三座汉初墓所出为主，长沙地区其他汉墓亦有零星出土。湖北漆绘，以江陵地区所出为主。江苏漆绘，以扬州地区汉广陵王墓及广陵王辖地汉墓所出为主。

（2）风格多样。以黑、红二色漆为素地，绘于器物上的图画风貌多样。日用器之漆绘，长沙马王堆汉墓的为鲜亮的黑红髹漆绘之代表，扬州广陵王墓的则为柔和的黄黑髹漆绘加金银镶嵌之代表。长沙马王堆汉墓的黑地漆棺、红地漆棺，因以油调和颜料绘制，而成色油画之代表。其余各地所出之漆绘，大致皆可归附于以上几类。

就艺术手法而言，汉代漆绘主要为两种形式：装饰性与画绘性。装饰性漆绘将生命体（如人神、牲畜、野兽、禽鸟、花草、林木等）和非生命体（如山、石、水、云、气等），通过整理或变形，纳入有秩序的、规范的线性体系内，形成整齐的赏心悦目的效果。画绘性漆绘则是通过自由的笔法，以油为调和剂，用符合描绘对象真实的或非真实的色彩搭配，来完成对生命体和非生命体的生动表现。

无论是装饰性还是画绘性，汉代漆绘展现的是色彩的世界，而且是高水准、自成体系的色彩世界。可惜中国艺术并未按此轨迹发展下去。汉以后，漆绘的画绘性渐次退隐，装饰性则越来越朝程式化的工艺性发展。原本在汉代漆绘里最耀眼的生动活泼这一灵魂，最终失去了。

（四）器绘

器绘主要指在器物如陶、木、铜、石等上的绘作，广泛出土于全国各地。在汉代，除极少的特殊物件如玉器外，大多器物都要涂绘赋彩。如今天见到的数量极多的汉代画像砖、画像石，在当时均为彩绘。今天我们见到的这种素色石、砖，皆为岁月淘洗的结果。就今天存世的实物而言，器绘一类中，画像砖、画像石并非大宗，陶器绘才是。陶器绘多见于瓶、罐、盘、奁等物及陶楼之表面。经此绘制，材陋值贱之物徒增华丽之气。再因陶质物吸水力强，陶绘上的笔触，遂出现后代宣纸上拙涩的笔意而另有天趣。

（五）其他

工艺品如织染品、刺绣品、镶嵌品等，制作时的粉本皆为图绘，故作为一种特殊形式归入画绘类。

三

画绘，在汉代发展为美术最重要的门类之一。在所反映的内容上，天界人间冥界、历史现实、天文地理、动物灵异等,无所不包。在作者构成上,出现了以宫廷画工为主体的专业创作队伍,并已有文士投身于绘事。在材料使用上,一切可利用的载体均被用于画绘。

中国画绘的基本表现形式,随汉代画绘的繁荣发展已大体完成。第一,出现帛绘、壁绘、陶绘、铜镜彩绘、彩绘篋、漆面罩绘、铜管绘、金银绘、石枕绘、贝壳彩绘等诸多类别,有漆彩、油彩、色彩、线描、墨绘等多种图绘方法,还尝试了各种工具、材料、载体,最终形成了以毛笔为基本工具,以墨为基本材料,以绢纸和素壁为基本载体的这一中国特有的画绘形式和传统。中国画最主要的形制之一的卷轴画的前身帛绘,也以工笔和着色的完美形式出现。第二,汉代画绘已形成中国画以线条造型的特点,讲究笔墨,通过笔墨状物传神,表现主观的审美情趣,不仅有铁线游丝等工稳、轻健的笔法,也有转折、起伏、粗细的笔法。第三,汉代画绘在中国画三大画种之一的人物画上取得引人注目的成就;以四神、熊、鹿、狐、兔和六畜为代表的动物画,以朱雀、凤鸟、鹤鹭、鹰鹑、雁鹄、雉鸦为代表的鸟禽画,也有相当大的成就,尤其汉人对马的理想形态的追求,使马超越单纯的乘骑工具而成为力量、速度、健美的象征;壁绘中出现的园林、山石,尽管多是民间画工所为而显得形态古拙,但与史载的专业或文士画家作品互为印证,可说明汉代时山水画已初具模样,并有了一定的表现力。第四,汉代画绘对于对象的观察认识,是在流动中,从多角度进行的。虽然已有对焦点、透视的认知,但不受焦点、透视那种由固定视点引起的视角局限性的制约,也不着眼于由特定光源而发生的明暗和色彩的变化,更不巨细无遗地描绘对象的全部外表征状,而是努力表现其显露在外而深藏在内的神韵。这一创作态度和创作实践,既符合庄子"凝于神"之说,又符合《淮南子》"君形"之论,而且经魏晋人的升华,便推出了"传神""移情"的境界,而成为中国艺术最重要的美学原则。

汉代画绘多方面的发展和完善,壮大了中国美术的雄厚基础,使其以后在外来佛教美术的冲击下,不是被击溃,而是去主动迎取、同化,从而得到更广博的发展。汉代以后,画绘便一直无可争议地成为中国美术史最主要的代表。从这些角度去认识汉代画绘在中国画绘及中国美术发展中的地位和作用,其意义不言自明。

壁绘

人物组合　墓室西壁　西汉　陕西西安理工大学1号墓　壁绘

人物组合　墓室西壁　西汉　陕西西安理工大学1号墓　壁绘

人物组合　墓室后山墙　西汉　河南洛阳烧沟 61 号墓　壁绘

人物组合（局部）　墓室后山墙　西汉　河南洛阳烧沟 61 号墓　壁绘

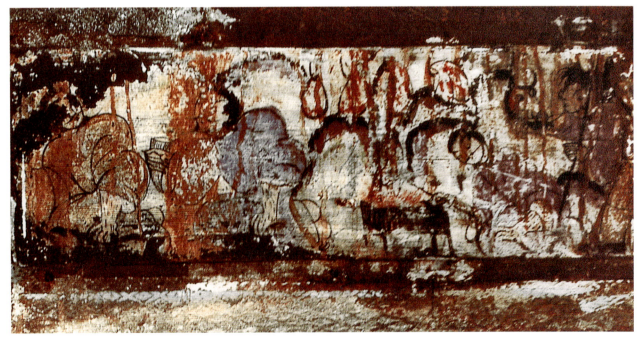

人物组合（局部）　墓室后山墙　西汉　河南洛阳烧沟 61 号墓　壁绘

人物组合　墓室西壁南侧
新莽　山东东平后屯汉墓　壁绘

人物组合　墓室西壁北侧
新莽　山东东平后屯汉墓　壁绘

人物组合　墓室北壁　新莽　山东东平后屯汉墓　壁绘

人物组合　墓室南壁　新莽　山东东平后屯汉墓　壁绘

人物组合　墓室西壁北侧上层　新莽　山东东平后屯汉墓　壁绘

人物组合　墓室西壁北侧中层　新莽　山东东平后屯汉墓　壁绘

人物组合之翁媪对语图　东汉　河南荥阳苌村　壁绘

人物组合之金日磾孝母　东汉　内蒙古和林格尔　壁绘

人物组合之使君从繁阳迁度关时　东汉　内蒙古和林格尔　壁绘

人物组合之拜谒图　东汉　内蒙古和林格尔　壁绘

人物组合之晤对图　东汉　陕西旬邑百子村　壁绘

人物组合之晤对图（局部）　东汉　陕西旬邑百子村　壁绘

人物组合　墓室西壁南　西汉　陕西西安曲江翠竹园1号墓　壁绘

人物组合　墓室南壁下　西汉　陕西西安曲江翠竹园1号墓　壁绘

人物组合之送别图　东汉　内蒙古乌审旗嘎鲁图1号墓　壁绘　2001年出土

榜题 郭氏将军 东汉 陕西旬邑百子村 壁绘

墓主人及墨书题记　东汉　四川中江民主乡桂花村塔梁子崖墓　壁绘　2002年出土

《墓主人及墨书题记》线描图及墨书释文

先祖南阳尉□□
土乡长里汉太鸿
芦文君子宾
子宾子中黄门侍郎
文君真坐与诏
外亲内亲相检厉见
怨□□诸上攽颠诸
□□□□□□绝肌则
骨当□□父即
鸿芦拥十万众
平羌有功赦死
　西徙处
此州郡县乡卒

墓主人及墨书题记　东汉　四川中江民主乡桂花村塔梁子崖墓　壁绘　2002年出土

《墓主人及墨书题记》线描图及墨书释文

□□□
下
广□守丞瓦曹吏
创农诸□掾
□字子女长生荆
□□□□□父造此墓
蜀太守文鲁掾县
官啬夫诸书掾
　史堂子元
　长生　司空
　司空左

墓主人及男女近侍　东汉　河北安平逯家庄　壁绘

墓主人　东汉　河北安平逯家庄　壁绘

墓主人（安定太守裴将军） 东汉 山西夏县王村东汉墓 壁绘

男女墓主人 新莽至东汉 陕西定边郝滩 壁绘

人物 墓室后壁 东汉 河南洛阳铁塔山 壁绘

男墓主人
东汉
辽宁辽阳北园 3 号汉墓
壁绘

女墓主人
东汉
辽宁辽阳北园 3 号汉墓
壁绘

女墓主人（局部）
东汉
辽宁辽阳北园 3 号汉墓
壁绘

壁绘 人物故事 墓主人

墓主人及农耕图
东汉
陕西靖边杨桥畔一村
壁绘

男墓主人
东汉
陕西靖边杨桥畔一村
壁绘

女墓主人
东汉
陕西靖边杨桥畔一村
壁绘

宴饮图　东汉　河南洛阳朱村　壁绘

男墓主人　宴饮图（局部）　东汉　河南洛阳朱村　壁绘

女墓主人　宴饮图（局部）　东汉　河南洛阳朱村　壁绘

男墓主人与男侍
东汉
河南洛阳朱村
壁绘

女墓主人与女侍
东汉
河南洛阳朱村
壁绘

历史故事 墓室隔梁正面下部 西汉 河南洛阳烧沟 61 号墓 壁绘

孔子问礼于老子 **历史故事**（局部） 墓室隔梁正面下部 西汉 河南洛阳烧沟 61 号墓 壁绘

二桃杀三士 **历史故事**（局部） 墓室隔梁正面下部 西汉 河南洛阳烧沟 61 号墓 壁绘

二桃杀三士　新莽　陕西靖边杨桥畔二村　壁绘

二桃杀三士（局部）　新莽　陕西靖边杨桥畔二村　壁绘

二桃杀三士（局部）　新莽　陕西靖边杨桥畔二村　壁绘

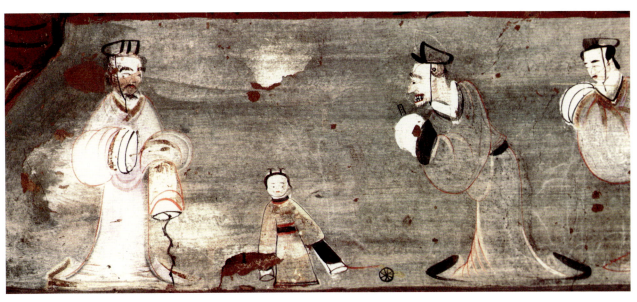

孔子问礼于老子　新莽　陕西靖边杨桥畔二村　壁绘

老子　孔子问礼于老子（局部）
新莽　陕西靖边杨桥畔二村　壁绘

孔子　孔子问礼于老子（局部）
新莽　陕西靖边杨桥畔二村　壁绘

问礼图之老子项橐孔子　东汉　陕西靖边杨桥畔一村　壁绘

问礼图之老子　东汉　陕西靖边杨桥畔一村　壁绘

问礼图之孔子　东汉　陕西靖边杨桥畔一村　壁绘

问礼图之弟子
东汉
陕西靖边杨桥畔一村
壁绘

问礼图之弟子
东汉
陕西靖边杨桥畔一村
壁绘

鲁秋洁妇
东汉
陕西靖边杨桥畔一村
壁绘

榜题　邠王力士
诸观者皆解履乃得入
东汉
陕西旬邑百子村
壁绘

武士
西汉
河南洛阳八里窑
壁绘

武士　墓门南门楣　新莽　山东东平后屯汉墓　壁绘

武士 墓门南门楣
新莽 山东东平后屯汉墓 壁绘

武士 墓门北门楣
新莽 山东东平后屯汉墓 壁绘

武士 墓门北门楣
新莽 山东东平后屯汉墓 壁绘

武士 墓门北门楣
新莽 山东东平后屯汉墓 壁绘

榜题 齐光
东汉元初四年（117）
四川三台郪江镇柏林坡1号墓
壁绘 2002年出土

榜题 益金子
东汉
陕西旬邑百子村
壁绘

人物　西汉　河南洛阳八里窑　壁绘

人物（局部）　西汉　河南洛阳八里窑　壁绘

人物　西汉　河南洛阳八里窑　壁绘

人物 墓室后山墙 西汉 河南洛阳烧沟 61 号墓 壁绘

人物 墓室后山墙 西汉 河南洛阳烧沟 61 号墓 壁绘

行猎图之人物　墓室东壁　西汉　陕西西安理工大学 1 号墓　壁绘

行猎图之人物与云气　墓室东壁　西汉　陕西西安理工大学 1 号墓　壁绘

老翁　墓室北壁下层
新莽　山东东平后屯汉墓　壁绘

人物　墓室西壁北侧上层
新莽　山东东平后屯汉墓　壁绘

跽坐人物　墓室西壁
西汉　陕西西安理工大学1号墓　壁绘

持绳状物跽坐人物　墓室西壁
西汉　陕西西安理工大学1号墓　壁绘

中国汉画大图典

壁绘

人物故事 人物 人物男

人物 墓室北壁中层　新莽　山东东平后屯汉墓　壁绘

人物 墓室西壁北侧中层　新莽　山东东平后屯汉墓　壁绘

对揖人物　墓室西壁北侧中层　新莽　山东东平后屯汉墓　壁绘

迎谒人物　墓室西壁北侧下层　新莽　山东东平后屯汉墓　壁绘

人物 墓室北壁中层
新莽 山东东平后屯汉墓 壁绘

人物 墓室西壁北侧上层
新莽 山东东平后屯汉墓 壁绘

人物 墓门北门楣
新莽 山东东平后屯汉墓 壁绘

人物 墓门北门楣
新莽 山东东平后屯汉墓 壁绘

人物瑞禽异兽条屏之一（局部） 墓室前室上部 东汉 河南荥阳苌村 壁绘

人物组合之晤对图（局部） 东汉
陕西旬邑百子村　壁绘

孺子　东汉　陕西旬邑百子村　壁绘

双人图　东汉　四川中江民主乡桂花村塔梁子崖墓　壁绘　2002年出土

女眷　墓室后室　东汉　陕西旬邑百子村　壁绘

榜题　师夫人　东汉　陕西旬邑百子村　壁绘

榜题　朱掾夫人　东汉　陕西旬邑百子村　壁绘

女眷　墓室后室　东汉　陕西旬邑百子村　壁绘

榜题　□大夫人　师夫人　朱赵王掾夫人　东汉　陕西旬邑百子村　壁绘

榜题　**将军夫人**　东汉　陕西旬邑百子村　壁绘

壁绘　人物故事　人物　人物女

亭长夫人与亭长女　东汉　陕西旬邑百子村　壁绘

榜题　亭长夫人　东汉　陕西旬邑百子村　壁绘

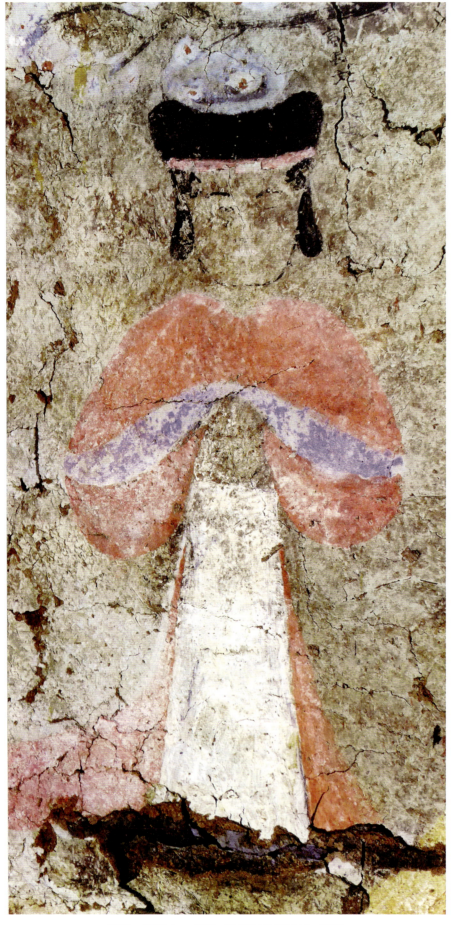

榜题　亭长女　东汉　陕西旬邑百子村　壁绘

军小史妇等　东汉　陕西旬邑百子村　壁绘

榜题 军小史妇 东汉 陕西旬邑百子村 壁绘

观舞乐图　墓室西壁　西汉　陕西西安理工大学1号墓　壁绘

人物　观舞乐图（正面木榻中间）　墓室西壁　西汉　陕西西安理工大学1号墓　壁绘

中国汉画大图典

壁绘

人物故事 人物 人物女

人物　观舞乐图（正面木榻右侧）　墓室西壁　西汉　陕西西安理工大学 1 号墓　壁绘

女主人　观舞乐图（正面木榻中间）　墓室西壁
西汉　陕西西安理工大学 1 号墓　壁绘

人物　观舞乐图（正面木榻中间）　墓室西壁
西汉　陕西西安理工大学 1 号墓　壁绘

跽坐人物 观舞乐图（正面木榻右侧） 墓室西壁 西汉 陕西西安理工大学1号墓 壁绘

人物　观舞乐图（正面木榻中间）　墓室西壁
西汉　陕西西安理工大学 1 号墓　壁绘

跽坐人物　观舞乐图（局部）　墓室西壁
西汉　陕西西安理工大学 1 号墓　壁绘

跽坐人物和榻前漆案漆樽及耳杯
观舞乐图（局部）　墓室西壁　西汉
陕西西安理工大学 1 号墓　壁绘

跽坐人物　观舞乐图（局部）　墓室西壁
西汉　陕西西安理工大学 1 号墓　壁绘

垂髻女　新莽　山东东平后屯汉墓　壁绘

垂髻女　新莽　山东东平后屯汉墓　壁绘

垂髻女
新莽　山东东平后屯汉墓　壁绘

老妪　墓室北壁下层
新莽　山东东平后屯汉墓　壁绘

主仆 墓室北壁上层　新莽　山东东平后屯汉墓　壁绘

主仆（局部） 墓室北壁上层　新莽　山东东平后屯汉墓　壁绘

女性人物
墓室西壁南侧上层
新莽
山东东平后屯汉墓
壁绘

女性人物
墓室西壁南侧上层
新莽
山东东平后屯汉墓
壁绘

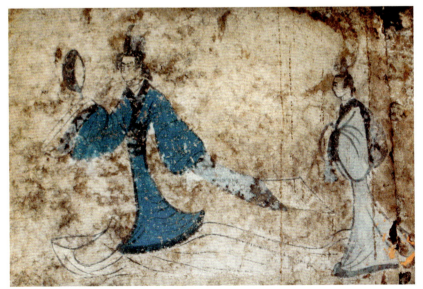

人物
墓室西壁北侧上层
新莽
山东东平后屯汉墓
壁绘

妇孺人物　东汉　河南荥阳苌村　壁绘

女性主仆　新莽　河南偃师　壁绘

妇孺人物 东汉 河南荥阳苌村 壁绘

妇孺人物 东汉 河南荥阳苌村 壁绘

人物 东汉 陕西靖边杨桥畔一村 壁绘

壁绘

人物故事

人物 从侍男

榜题 门下功曹 东汉 河北望都1号墓 壁绘

榜题 门下功曹 东汉 河北望都1号墓 壁绘

榜题 门下游徼 东汉 河北望都1号墓 壁绘

榜题 门下小史 东汉 河北望都1号墓 壁绘

人物　墓室东壁　东汉　河北望都1号墓　壁绘

人物　墓室西壁　东汉　河北望都1号墓　壁绘

壁绘 人物故事 人物 从侍男

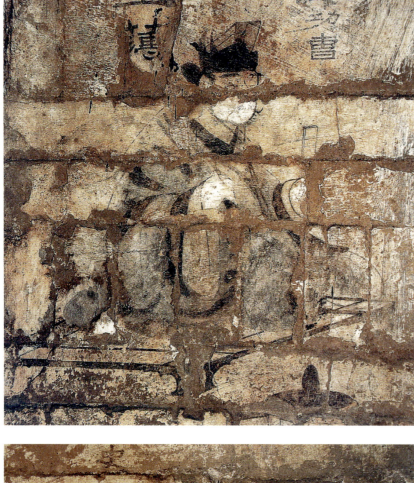

榜题 主簿
东汉
河北望都1号墓
壁绘

榜题 主记史
东汉
河北望都1号墓
壁绘

榜题　护乌桓校尉幕府谷仓　东汉　内蒙古和林格尔　壁绘

榜题　立侍将军门下掾　东汉　陕西旬邑百子村　壁绘

壁绘 人物故事 人物 从侍男

榜题 丞主簿
东汉 陕西旬邑百子村 壁绘

榜题 诸□□□□ 东汉 陕西旬邑百子村 壁绘

榜题 小史 □□门下掾
东汉 陕西旬邑百子村 壁绘

侍人图 东汉 河南密县打虎亭 2 号墓 壁绘

侍人图 东汉 河南密县打虎亭 2 号墓 壁绘

护乌桓校尉幕府谷仓吏卒　东汉
内蒙古和林格尔　壁绘

繁阳县仓吏卒　东汉　内蒙古和林格尔　壁绘

捧简人　东汉　辽宁辽阳北园3号汉墓　壁绘

官吏　东汉　河北安平逯家庄　壁绘

谒见图　东汉　河北安平逯家庄　壁绘

壁绘 人物故事 人物 从侍男

官吏（局部）
东汉
河北安平逯家庄
壁绘

谒见图
东汉
河北望都1号墓
壁绘

人物
墓室西壁
西汉
陕西西安曲江
翠竹园 1 号墓
壁绘

人物
墓室西壁
西汉
陕西西安曲江
翠竹园 1 号墓
壁绘

持环首刀人物
人物组合（局部）
墓室西壁南
西汉
陕西西安曲江翠竹园 1 号墓
壁绘

丞主簿等 东汉 陕西旬邑百子村 壁绘

属吏　东汉　陕西旬邑百子村　壁绘

带剑人物　东汉　陕西旬邑百子村　壁绘

执吾图之侍从　东汉　内蒙古鄂托克旗凤凰山1号墓　壁绘

持弓人物　东汉　辽宁辽阳北园3号汉墓　壁绘

持棍人物　东汉　陕西旬邑百子村　壁绘

持鸟立侍 人物组合（局部） 墓室西壁 西汉 陕西西安理工大学1号墓 壁绘

壁绘 人物故事 人物 从侍男

立侍 人物组合（局部） 墓室西壁
西汉 陕西西安理工大学 1 号墓 壁绘

立侍 人物组合（局部） 墓室西壁
西汉 陕西西安理工大学 1 号墓 壁绘

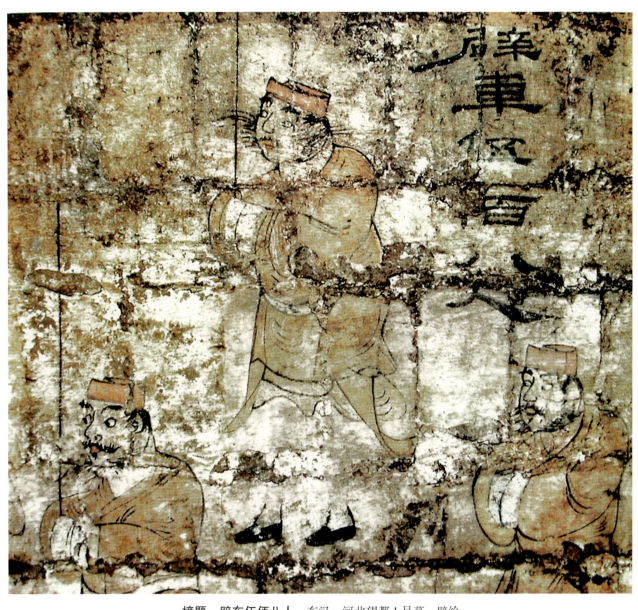

榜题　辟车伍佰八人　东汉　河北望都1号墓　壁绘

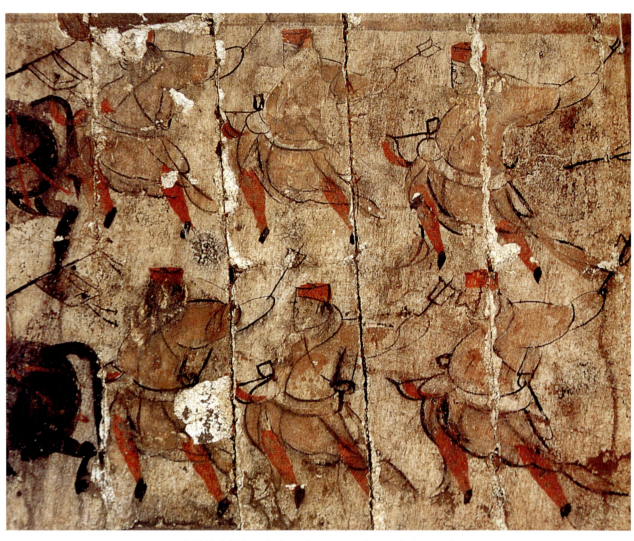

赤帻黄衣持弩弓伍佰　东汉　河北安平逯家庄　壁绘

赤帻黄衣伍佰　东汉　河北安平逯家庄　壁绘

黑帻黑衣持棍杖辟车　东汉　河北安平逯家庄　壁绘

伍伯　东汉　河南荥阳苌村　壁绘

辟车伍佰　东汉　河北望都1号墓　壁绘

壁绘 人物故事 人物 从侍男

辟车伍佰（局部） 东汉 河北望都1号墓 壁绘

辟车伍佰（局部） 东汉 河北望都1号墓 壁绘

榜题 辟车伍佰八人（局部）
东汉 河北望都1号墓 壁绘

榜题 辟车伍佰八人（局部）
东汉 河北望都1号墓 壁绘

男女近侍　东汉　河北安平逯家庄　壁绘

辂车乘车人　新莽至东汉　陕西定边郝滩　壁绘

男侍　宴饮图（局部）　东汉　河南洛阳朱村　壁绘

男立侍　东汉　河南洛阳朱村　壁绘

门吏　墓室北壁（高2米）　西汉　陕西西安曲江翠竹园1号墓　壁绘

门吏　墓室西壁北侧下层　新莽　山东东平后屯汉墓　壁绘

门吏　东汉　河南洛阳铁塔山　壁绘

门吏　东汉　河南洛阳铁塔山　壁绘

壁绘　人物故事　人物 从侍男

侍门卒　东汉　河北望都1号墓　壁绘

门吏及狗头飞鸟雕刻　东汉
四川中江民主乡桂花村塔梁子崖墓　壁绘

捧盾跪迎人物　东汉　河南洛阳朱村　壁绘

榜题　小婢□　西汉　陕西西安曲江翠竹园 1 号墓　壁绘

壁绘｜人物故事｜人物　从侍女

壁绘

人物故事

人物 从侍女

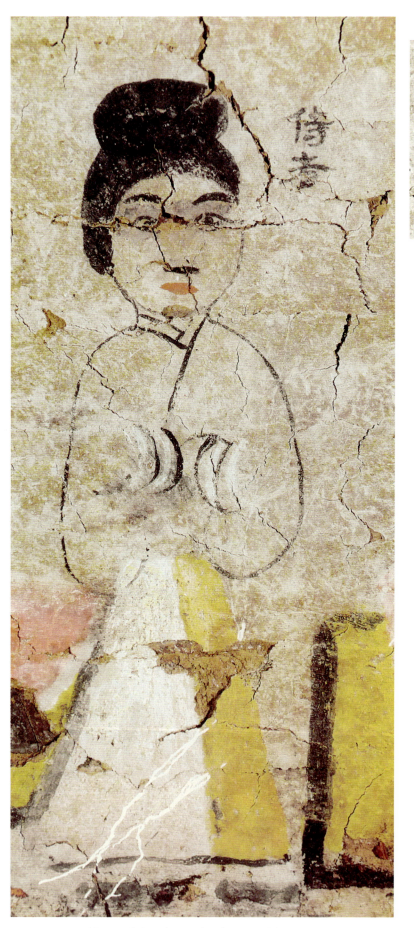

榜题 侍者 东汉 陕西旬邑百子村 壁绘

人物　墓室东壁　西汉
陕西西安曲江翠竹园 1 号墓　壁绘

人物（局部）　墓室东壁　西汉
陕西西安曲江翠竹园 1 号墓　壁绘

人物（局部）　墓室东壁　西汉
陕西西安曲江翠竹园 1 号墓　壁绘

壁绘 人物故事 人物 从侍女

人物（头部） 墓室东壁 西汉 陕西西安曲江翠竹园1号墓 壁绘

人物　墓室东壁
西汉　陕西西安曲江翠竹园 1 号墓　壁绘

人物（头部）　墓室东壁
西汉　陕西西安曲江翠竹园 1 号墓　壁绘

女仆　东汉　陕西旬邑百子村　壁绘

侍者　东汉　陕西靖边杨桥畔一村　壁绘

牵孩抱婴女 人物组合（局部） 墓室西壁南 西汉 陕西西安曲江翠竹园1号墓 壁绘

捧漆盒人物　人物组合（局部）　墓室南壁下
西汉　陕西西安曲江翠竹园 1 号墓　壁绘

人物　人物组合（局部）　墓室南壁下
西汉　陕西西安曲江翠竹园 1 号墓　壁绘

扛包袱人物　人物组合（局部）　墓室南壁下
西汉　陕西西安曲江翠竹园1号墓　壁绘

捧熏炉女侍　人物组合（局部）　墓室南壁下
西汉　陕西西安曲江翠竹园1号墓　壁绘

捧熏炉女侍（头部）　人物组合（局部）　墓室南壁下
西汉　陕西西安曲江翠竹园1号墓　壁绘

侍女　观舞乐图（局部）　墓室西壁
西汉　陕西西安理工大学1号墓　壁绘

侍女图　东汉　河南密县打虎亭2号墓　壁绘

侍女图　东汉　河南密县打虎亭2号墓　壁绘

侍奉图 东汉　内蒙古鄂托克旗凤凰山1号墓　壁绘

女侍　宴饮图（局部） 东汉　河南洛阳朱村　壁绘　　　　**女侍　宴饮图（局部）** 东汉　河南洛阳朱村　壁绘

悬弩侍女图 新莽 陕西靖边杨桥畔二村 壁绘

女近侍　东汉　河北安平逯家庄　壁绘

副笄六珈　女近侍（局部）　东汉　河北安平逯家庄　壁绘

乐舞百戏　新莽　河南偃师辛村　壁绘

乐舞百戏图　东汉　陕西靖边杨桥畔一村　壁绘

乐舞　东汉　内蒙古乌审旗嘎鲁图1号墓　壁绘　2001年出土

乐舞　墓室后室北壁　东汉　辽宁辽阳北园3号汉墓　壁绘

乐舞　东汉　河北安平逯家庄　壁绘

盘舞 新莽 山东东平后屯汉墓 壁绘

袖舞 新莽 山东东平后屯汉墓 壁绘

袖舞　新莽　河南偃师辛村　壁绘

袖舞　新莽　山东东平后屯汉墓　壁绘

袖舞　新莽　山东东平后屯汉墓　壁绘

舞者　新莽　陕西靖边杨桥畔二村　壁绘

舞者　西汉　甘肃武威　壁绘

舞者　东汉　陕西靖边杨桥畔一村　壁绘

女伎抚琴　东汉　河南荥阳苌村　壁绘

拊掌击节　东汉　陕西靖边杨桥畔一村　壁绘

击鼓　东汉　陕西靖边杨桥畔一村　壁绘

建鼓　东汉　内蒙古和林格尔　壁绘

击鼓　新莽　河南偃师辛村　壁绘

咏歌　新莽　河南偃师辛村　壁绘

百戏　新莽　河南偃师辛村　壁绘

百戏　东汉　内蒙古鄂托克旗凤凰山1号墓　壁绘

百戏　东汉　陕西靖边杨桥畔一村　壁绘

跳丸　东汉　河南密县打虎亭2号墓　壁绘

跳丸　东汉　河南密县打虎亭 2 号墓　壁绘

相扑　东汉　河南密县打虎亭 2 号墓　壁绘

相扑人物 东汉 河南荥阳苌村 壁绘

演武人物 东汉 河南荥阳苌村 壁绘

演武人物 东汉 河南荥阳苌村 壁绘

演武人物 东汉 河南荥阳苌村 壁绘

戏兽图 东汉 河南荥阳苌村 壁绘

中国汉画大图典

壁绘 舞乐百业 舞乐百戏

骑技　东汉　河南荥阳苌村　壁绘

骑技　东汉　河南荥阳苌村　壁绘

骑技　东汉　河南荥阳苌村　壁绘

宴饮乐舞百戏图　东汉　河南密县打虎亭2号墓　壁绘

宴饮乐舞百戏图　东汉　河南密县打虎亭2号墓　壁绘

宴饮乐舞百戏图　东汉　河南密县打虎亭 2 号墓　壁绘

宴饮乐舞百戏图（局部）　东汉　河南密县打虎亭 2 号墓　壁绘

宴饮乐舞百戏图　东汉　河南密县打虎亭 2 号墓　壁绘

宴饮乐舞百戏图　东汉　河南密县打虎亭 2 号墓　壁绘

宴饮乐舞百戏图　东汉　河南密县打虎亭2号墓　壁绘

观乐舞者　东汉　陕西靖边杨桥畔一村　壁绘

男宾宴饮观乐舞　新莽　山东东平后屯汉墓　壁绘

女宾宴饮观乐舞　新莽　山东东平后屯汉墓　壁绘

男宾宴饮　新莽　河南偃师辛村　壁绘

女宾宴饮 新莽 河南偃师辛村 壁绘

对饮 男宾宴饮（局部） 新莽 河南偃师辛村 壁绘

博戏 男宾宴饮（局部） 新莽 河南偃师辛村 壁绘

不胜酒力　男宾宴饮（局部）　新莽　河南偃师辛村　壁绘

奴仆奉酒　女宾宴饮（局部）　新莽　河南偃师辛村　壁绘

对饮　女宾宴饮（局部）　新莽　河南偃师辛村　壁绘

不胜酒力　女宾宴饮（局部）　新莽　河南偃师辛村　壁绘

奴仆奉食　女宾宴饮（局部）　新莽　河南偃师辛村　壁绘

观乐舞之奴仆奉酒　新莽　河南偃师辛村　壁绘

对饮　男宾宴饮观乐舞（局部）　新莽　山东东平后屯汉墓　壁绘

对饮　男宾宴饮观乐舞（局部）　新莽　山东东平后屯汉墓　壁绘

宴饮图　东汉　四川中江民主乡桂花村塔梁子崖墓　壁绘　2002年出土

宴饮图　东汉　四川中江民主乡桂花村塔梁子崖墓　壁绘　2002年出土

宴饮图　东汉　四川中江民主乡桂花村塔梁子崖墓　壁绘　2002年出土

宴饮图　东汉　四川中江民主乡桂花村塔梁子崖墓　壁绘　2002年出土

宴饮图　东汉　四川中江民主乡桂花村塔梁子崖墓　壁绘　2002年出土

宴饮图　东汉　四川中江民主乡桂花村塔梁子崖墓　壁绘　2002年出土

壁绘

舞乐百业

家居游猎

宴饮图　东汉元初四年（117）　四川三台郪江镇柏林坡 1 号墓　壁绘　2002 年出土

博戏　新莽　河南偃师　壁绘

宴乐侍者　东汉　河南密县打虎亭2号墓　壁绘

燕居图之孺子与公鸡
东汉　河南密县后土郭村1号墓　壁绘

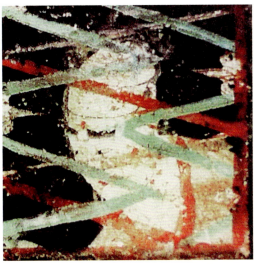

燕居图之妇人
东汉　河南密县后土郭村1号墓　壁绘

家居安乐之宴饮博戏　东汉　内蒙古鄂托克旗凤凰山1号墓　壁绘

行猎图　墓室东壁　西汉　陕西西安理工大学 1 号墓　壁绘

骑士　行猎图（局部）　墓室东壁　西汉　陕西西安理工大学 1 号墓　壁绘

射鹿　行猎图（局部）　墓室东壁　西汉　陕西西安理工大学 1 号墓　壁绘

骑士　行猎图（局部）　墓室东壁　西汉　陕西西安理工大学 1 号墓　壁绘

女骑士 行猎图（局部） 墓室东壁 西汉 陕西西安理工大学1号墓 壁绘

女骑士（左） 行猎图（局部） 墓室东壁
西汉 陕西西安理工大学1号墓 壁绘

女骑士（右） 行猎图（局部） 墓室东壁
西汉 陕西西安理工大学1号墓 壁绘

行猎图之射鹿 墓室东壁 西汉 陕西西安理工大学1号墓 壁绘

骑射 行猎图之射鹿（局部） 墓室东壁 西汉 陕西西安理工大学1号墓 壁绘

行猎图之射牛　墓室东壁　西汉　陕西西安理工大学 1 号墓　壁绘

行猎图之射牛（局部）　墓室东壁　西汉　陕西西安理工大学 1 号墓　壁绘

射手　行猎图之射牛（局部）　墓室东壁　西汉　陕西西安理工大学 1 号墓　壁绘

行猎图之骑士　墓室东壁　西汉　陕西西安理工大学1号墓　壁绘

行猎图之墨线初稿　墓室东壁　西汉　陕西西安理工大学1号墓　壁绘

行猎图之骑士取猎物图　墓室东壁　西汉　陕西西安理工大学1号墓　壁绘

骑士　行猎图之骑士取猎物图（局部）　墓室东壁　西汉　陕西西安理工大学1号墓　壁绘

猎猪人　行猎图之骑士取猎物图（局部）　墓室东壁　西汉　陕西西安理工大学1号墓　壁绘

行猎图之骑士取猎物图（局部）　墓室东壁　西汉　陕西西安理工大学1号墓　壁绘

围猎图　东汉　内蒙古鄂托克旗米兰壕 1 号墓　壁绘　1999 年出土

骑射　围猎图（局部）　东汉　内蒙古鄂托克旗米兰壕 1 号墓　壁绘　1999 年出土

骑射　围猎图（局部）　东汉
内蒙古鄂托克旗米兰壕 1 号墓　壁绘　1999 年出土

骑射　围猎图（局部）　东汉
内蒙古鄂托克旗米兰壕 1 号墓　壁绘　1999 年出土

望楼高台弩射图　东汉　内蒙古鄂托克旗凤凰山 1 号墓　壁绘

世俗之山中狩猎　新莽至东汉　陕西定边郝滩　壁绘

射野牛　世俗之山中狩猎（局部）　新莽至东汉　陕西定边郝滩　壁绘

射雀射猴（射爵射侯）图 东汉 陕西旬邑百子村 壁绘

兵器觚兕图　东汉　内蒙古鄂托克旗凤凰山 1 号墓　壁绘

引弓人物　东汉　河南荥阳苌村　壁绘

弓弩图　新莽　陕西靖边杨桥畔二村　壁绘

牧牛图　东汉　内蒙古和林格尔　壁绘

放牧人　新莽至东汉　陕西定边郝滩　壁绘

壁绘 舞乐百业 农工商

牛耕牧马图 东汉 陕西旬邑百子村 壁绘

牛耕与牧马 东汉 陕西旬邑百子村 壁绘

牛耕图　东汉　陕西靖边杨桥畔一村　壁绘

牛耕　新莽至东汉　陕西定边郝滩　壁绘

锄禾图　东汉　陕西靖边杨桥畔一村　壁绘

牧牛图　东汉　陕西旬邑百子村　壁绘

放牧牛耕图 东汉 内蒙古鄂托克旗凤凰山 1 号墓 壁绘

榜题 大宰 大宰 牛肉 □奴持肉　东汉　陕西旬邑百子村　壁绘

庖厨　新莽　河南偃师辛村　壁绘

庖厨　新莽　河南偃师辛村　壁绘

壁绘 舞乐百业 庖厨

庖厨　新莽　河南偃师辛村　壁绘

烤肉　西汉　河南洛阳烧沟 61 号墓　壁绘

烤肉（局部）　西汉　河南洛阳烧沟 61 号墓　壁绘

榜题　式进与功曹　进守长　东汉元初四年（117）　山西夏县王村东汉墓　壁绘

出行场面　属国都尉出行图（局部）　东汉　内蒙古和林格尔　壁绘

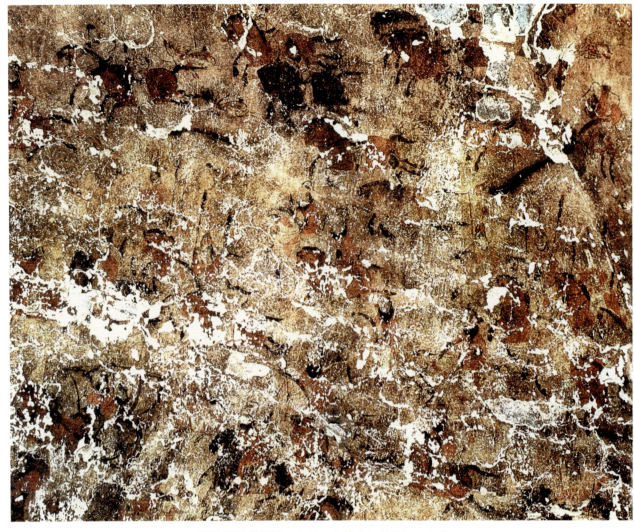

属国都尉出行图　东汉　内蒙古和林格尔　壁绘

行猎图　属国都尉出行图（局部）　东汉　内蒙古和林格尔　壁绘

车马　墓室中室北壁　东汉　河北安平逯家庄　壁绘

车骑　墓室中室南壁　东汉　河北安平逯家庄　壁绘

车骑　墓室中室西壁　东汉　河北安平逯家庄　壁绘

白盖轺车　车马（局部）　墓室中室北壁　东汉　河北安平逯家庄　壁绘

壁绘 车马乘骑 车骑出行

车马（局部） 墓室中室北壁　东汉　河北安平逯家庄　壁绘

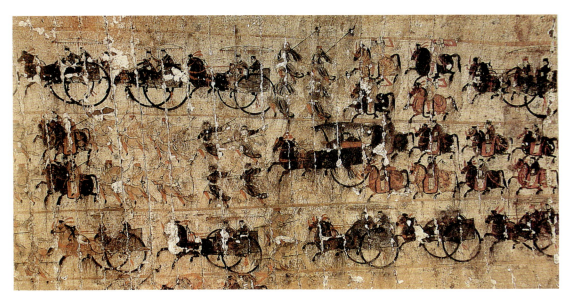

车骑（局部） 墓室中室南壁　东汉　河北安平逯家庄　壁绘

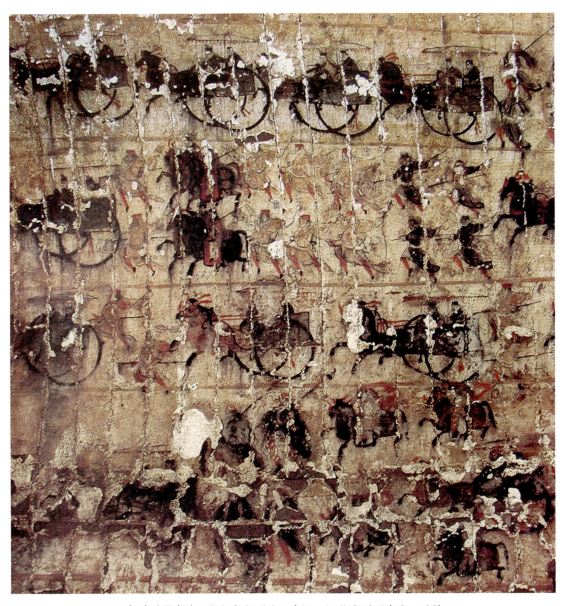

车骑（局部） 墓室中室西壁　东汉　河北安平逯家庄　壁绘

车骑(局部) 墓室中室西壁 东汉 河北安平逯家庄 壁绘

赤帻黑衣持走卒 东汉 河北安平逯家庄 壁绘

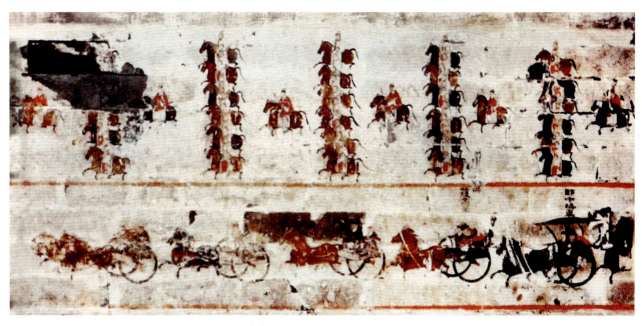

车骑出行　东汉　河南荥阳苌村　壁绘

车骑出行　东汉　河南荥阳苌村　壁绘

车骑　东汉　河南偃师杏园村　壁绘

车骑　东汉　河南偃师杏园村　壁绘

车骑　东汉　河南偃师杏园村　壁绘

车骑　东汉　河南偃师杏园村　壁绘

车骑 墓室北壁西段全景 东汉 河南偃师杏园村 壁绘

出行图 东汉 内蒙古鄂托克旗凤凰山 1 号墓 壁绘

出行图（局部） 东汉 内蒙古鄂托克旗凤凰山 1 号墓 壁绘

车骑 东汉 内蒙古鄂尔多斯汉墓 壁绘

双耳涂朱四维軿车（榜题 巴郡太守时车） 东汉 河南荥阳苌村 壁绘

单耳涂朱四维軿车（榜题 北陵令时车） 东汉 河南荥阳苌村 壁绘

四维双耳涂朱軿车　东汉　河北安平逯家庄　壁绘

四维皂盖朱耳軿车　东汉　河北安平逯家庄　壁绘

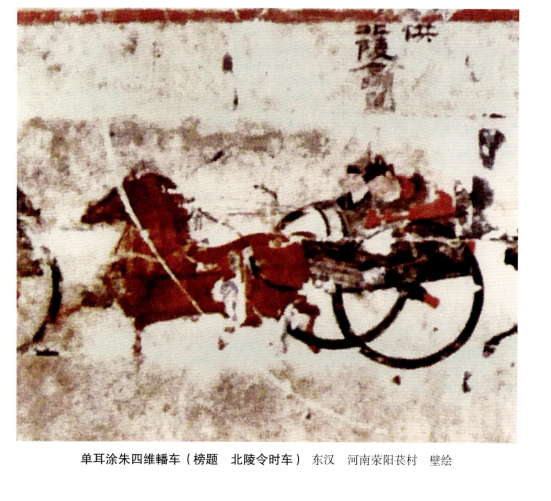

单耳涂朱四维軿车（榜题　北陵令时车）　东汉　河南荥阳苌村　壁绘

四维軿车（榜题　郎中时车）　东汉　河南荥阳苌村　壁绘

单耳涂朱輧车（榜题 夫子车） 新莽 陕西靖边杨桥畔二村 壁绘

榜题 上计掾 东汉元初四年（117） 山西夏县王村东汉墓 壁绘

榜题 门下督 戍曹 新莽 陕西靖边杨桥畔二村 壁绘

榜题 门下督 新莽 陕西靖边杨桥畔二村 壁绘

榜题 □□游徼 新莽 陕西靖边杨桥畔二村 壁绘

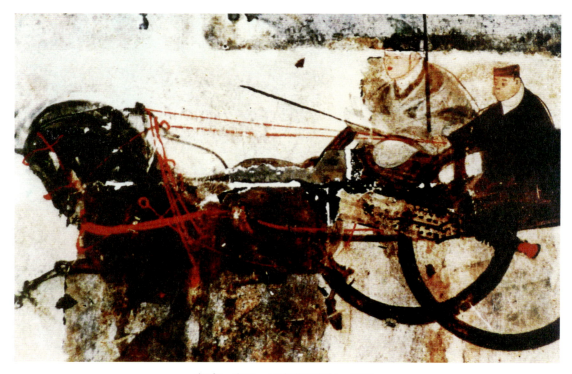

轺车 东汉 河南荥阳苌村 壁绘

斧车　东汉　河南荥阳苌村　壁绘

斧车　东汉　河北安平逯家庄　壁绘

四维轺车　东汉　内蒙古和林格尔　壁绘

红盖轺车　东汉　河南荥阳苌村　壁绘

白盖轺车　东汉　河南荥阳苌村　壁绘

白盖轺车　东汉　河南荥阳苌村　壁绘

白盖轺车 东汉 河南荥阳苌村 壁绘

白盖轺车 东汉 河南荥阳苌村 壁绘

白盖轺车　东汉　河北安平逯家庄　壁绘

白盖轺车　东汉　河北安平逯家庄　壁绘

白盖轺车　东汉　河北安平逯家庄　壁绘

白盖轺车　东汉　河北安平逯家庄　壁绘

白盖轺车　东汉　河北安平逯家庄　壁绘

轺车　东汉　内蒙古鄂托克旗凤凰山1号墓　壁绘

轺车 新莽至东汉 陕西定边郝滩 壁绘

轺车 东汉 陕西靖边杨桥畔一村 壁绘

车马入天门　东汉　陕西旬邑百子村　壁绘

车马　车马入天门（局部）　东汉　陕西旬邑百子村　壁绘

迎宾图之辎车　东汉　河南密县打虎亭 2 号墓　壁绘

迎宾图之车马　东汉　河南密县打虎亭 2 号墓　壁绘

车马　车马入天门（局部）　东汉　陕西旬邑百子村　壁绘

车马　车马入天门（局部）　东汉　陕西旬邑百子村　壁绘

壁绘

车马乘骑 车驾

车马　东汉　河南偃师杏园村　壁绘

车马　东汉　河南偃师杏园村　壁绘

三车图　东汉　河南洛阳朱村　壁绘

乘车人　三车图（局部）　东汉　河南洛阳朱村　壁绘

辇车图　东汉　内蒙古和林格尔　壁绘

牛车　东汉　内蒙古鄂托克旗凤凰山1号墓　壁绘

龙车　东汉　河南洛阳道北石油站　壁绘

鹿车　东汉　河南洛阳道北石油站　壁绘

骑吏队列　东汉　河南荥阳苌村　壁绘

骑吏队列（局部）　东汉　河南荥阳苌村　壁绘

众骑吏 东汉 河南荥阳苌村 壁绘

众骑吏 东汉 河南荥阳苌村 壁绘

缇骑（持弩红幡） 东汉 河北安平逯家庄 壁绘

缇骑 东汉 河北安平逯家庄 壁绘

双骑　东汉　河南偃师杏园村　壁绘

双骑　东汉　河南偃师杏园村　壁绘

双骑　众骑吏（局部）　东汉　河南荥阳苌村　壁绘

中国汉画大图典

壁绘

车马乘骑

乘骑

双骑　新莽　陕西靖边杨桥畔二村　壁绘

乘骑　新莽至东汉　陕西定边郝滩　壁绘

骑吏　众骑吏（局部）　东汉　河南荥阳苌村　壁绘

骑吏　众骑吏（局部）　东汉　河南荥阳苌村　壁绘

骑吏　众骑吏（局部）　东汉　河南荥阳苌村　壁绘

骑吏 东汉 河南偃师杏园村 壁绘

骑吏　东汉　河南偃师杏园村　壁绘

骑吏　东汉　河南偃师杏园村　壁绘

骑吏　东汉　河南偃师杏园村　壁绘

骑吏　东汉　河南偃师杏园村　壁绘

壁绘

车马乘骑 乘骑

骑吏 东汉 河南偃师杏园村 壁绘

骑吏 东汉 河南偃师杏园村 壁绘

骑吏　东汉　河北安平逯家庄　壁绘

迎宾图之乘骑　东汉　河南密县打虎亭 2 号墓　壁绘

人骑白象图　东汉　内蒙古和林格尔　壁绘

行猎图之取猎物图　墓室东壁　西汉　陕西西安理工大学 1 号墓　壁绘

牧马人　东汉　内蒙古和林格尔　壁绘

群马图 东汉 内蒙古和林格尔 壁绘

马群 群马图（局部） 东汉 内蒙古和林格尔 壁绘

奔马图 群马图（局部） 东汉 内蒙古和林格尔 壁绘

卸鞍马 东汉 陕西旬邑百子村 壁绘

驯马图　东汉　河南荥阳苌村　壁绘

翼马　东汉　河南荥阳苌村　壁绘

翼马　墓室前室上部　东汉　河南荥阳苌村　壁绘

中国汉画大图典

壁绘

仙人神祇 仙人

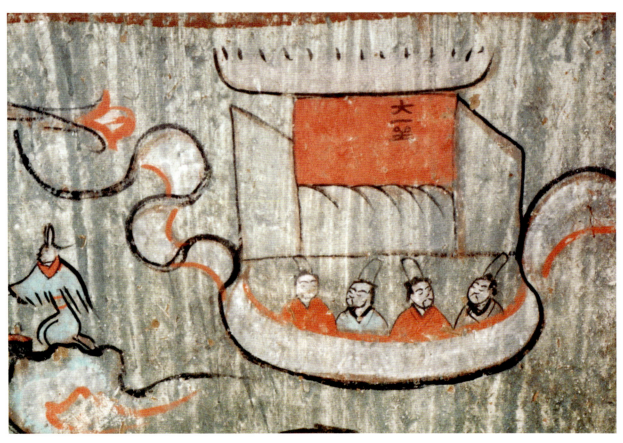

榜题 太一座 新莽至东汉 陕西定边郝滩 壁绘

太一座 东汉 陕西靖边杨桥畔一村 壁绘

巨神伏羲女娲　新莽　河南偃师辛村　壁绘

巨神伏羲女娲　新莽　河南偃师　壁绘

西王母境　新莽至东汉　陕西定边郝滩　壁绘

西王母与玉女　西王母境（局部）　新莽至东汉　陕西定边郝滩　壁绘

西王母及众侍从 西王母境(局部) 新莽至东汉 陕西定边郝滩 壁绘

西王母 新莽 河南偃师辛村 壁绘

西王母与玉兔 新莽 河南偃师 壁绘

伏羲 西汉 河南洛阳 壁绘

伏羲与月亮　西汉　河南洛阳浅井头　壁绘

伏羲与太阳　西汉　河南洛阳磁涧　壁绘

伏羲　新莽　河南偃师辛村　壁绘

伏羲 墓顶 东汉 河南洛阳道北石油站 壁绘

墓主人伏羲太阳　西汉　河南洛阳卜千秋墓　壁绘

女娲　西汉　河南洛阳卜千秋墓　壁绘

女娲与月亮　西汉　河南洛阳磁涧　壁绘

女娲与太阳 墓顶 东汉 河南洛阳道北石油站 壁绘

壁绘 仙人神祇 仙人

中国汉画大图典

壁绘 仙人神祇 仙人

女娲与太阳　新莽　河南偃师辛村　壁绘

伏羲腾蛇月亮　西汉　河南洛阳浅井头　壁绘

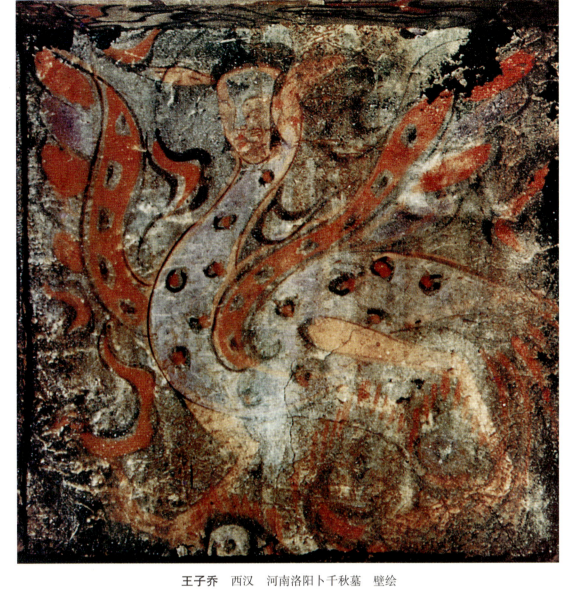

王子乔　西汉　河南洛阳卜千秋墓　壁绘

神仙故事　东汉　河南荥阳苌村　壁绘

仙人导引图　东汉　山西夏县王村东汉墓　壁绘

仙人导引 仙人导引图（局部） 东汉 山西夏县王村东汉墓 壁绘

升入仙境 新莽 河南偃师 壁绘

导引图 西汉 陕西西安交通大学 壁绘

仙人乘兽图 东汉 河南荥阳苌村 壁绘

仙人乘兽图（局部） 东汉 河南荥阳苌村 壁绘

仙人出行 东汉 河南荥阳苌村 壁绘

仙人乘鹤 东汉 河南荥阳苌村 壁绘

仙人乘龟 东汉 河南荥阳苌村 壁绘

乘云气仙人之鹤车蛇车兔车　东汉　陕西靖边杨桥畔一村　壁绘

乘云气仙人之龙车鱼车鹤驾　东汉　陕西靖边杨桥畔一村　壁绘

乘鹤仙人之持旌幡　东汉　陕西靖边杨桥畔一村　壁绘

乘云气仙人之玉兔为驾　东汉　陕西靖边杨桥畔一村　壁绘

乘云气仙人之三神鱼为驾　东汉　陕西靖边杨桥畔一村　壁绘

乘云气仙人之双龙为驾　东汉　陕西靖边杨桥畔一村　壁绘

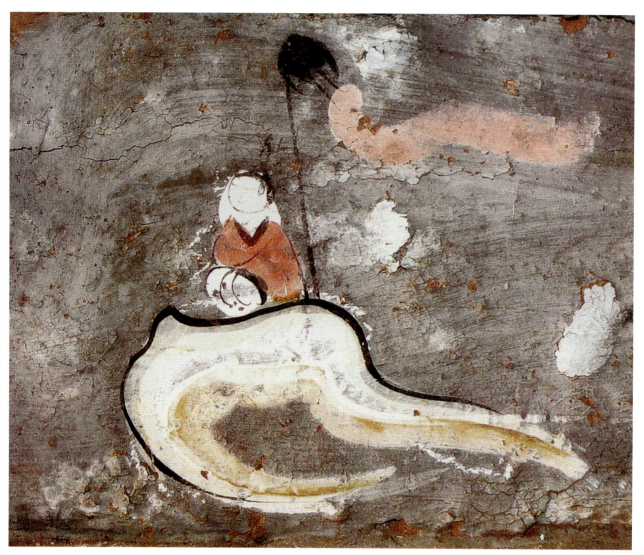

乘云气仙人之持旌幡　东汉　陕西靖边杨桥畔一村　壁绘

乘云气仙人之神龟为驾　东汉　陕西靖边杨桥畔一村　壁绘

乘云气仙人之神鹿为驾　东汉　陕西靖边杨桥畔一村　壁绘

乘云气仙人之神蛇为驾　东汉　陕西靖边杨桥畔一村　壁绘

乘云气仙人之双鹤为驾　东汉　陕西靖边杨桥畔一村　壁绘

乘云气仙人之四鸟为驾　东汉　陕西靖边杨桥畔一村　壁绘

仙人出行之白虎云车　新莽至东汉　陕西定边郝滩　壁绘

仙人出行之四龙云车　新莽至东汉　陕西定边郝滩　壁绘

仙人出行之兔拉云车　新莽至东汉　陕西定边郝滩　壁绘

仙人出行之鱼拉云车　西王母境（局部）　新莽至东汉　陕西定边郝滩　壁绘

仙人出行图　东汉　陕西靖边杨桥畔一村　壁绘

仙人双虎为驾　仙人出行图（局部）　东汉　陕西靖边杨桥畔一村　壁绘

仙人乘蓐收
仙人出行图（局部）
东汉
陕西靖边杨桥畔一村
壁绘

仙人双蛇云车
仙人出行图（局部）
东汉
陕西靖边杨桥畔一村
壁绘

仙人神象云车
仙人出行图（局部）
东汉
陕西靖边杨桥畔一村
壁绘

羽人乘龙　墓室北壁　西汉　陕西西安理工大学 1 号墓　壁绘

羽人乘龙（局部）　墓室北壁　西汉　陕西西安理工大学 1 号墓　壁绘

乘龙　西汉　河南洛阳烧沟 61 号墓　壁绘

羽人骑仙鹿　新莽　河南偃师　壁绘

羽人戏龙　东汉　陕西旬邑百子村　壁绘

羽人　西汉　河南洛阳浅井头　壁绘

羽人　墓室前室上部　东汉　河南荥阳苌村　壁绘

羽人
墓室前室上部
东汉
河南荥阳苌村
壁绘

西王母宴乐之百兽率舞　西王母境（局部）　新莽至东汉　陕西定边郝滩　壁绘

西王母宴乐之鼓琴　西王母境（局部）　新莽至东汉
陕西定边郝滩　壁绘

西王母宴乐之野猪击铎
新莽至东汉　陕西定边郝滩　壁绘

西王母宴乐之虎豹　西王母境（局部）
新莽至东汉　陕西定边郝滩　壁绘

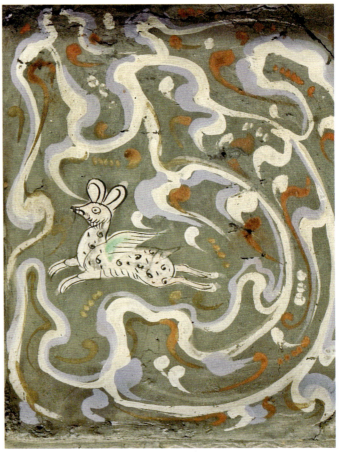

玉兔　新莽　河南偃师　壁绘

西王母宴乐之敲编钟　西王母境（局部）
新莽至东汉　陕西定边郝滩　壁绘

山中仙人　东汉　河南荥阳苌村　壁绘

山中仙人（局部） 东汉 河南荥阳苌村 壁绘

山中仙人（局部） 东汉 河南荥阳苌村 壁绘

山中仙人（局部） 东汉 河南荥阳苌村 壁绘

云际仙境图 山中仙人（局部） 东汉 河南荥阳苌村 壁绘

"T"字形天门　新莽　山东东平后屯汉墓　壁绘

"T"字形天门　东汉　陕西旬邑百子村　壁绘

持节方士　西汉　河南洛阳卜千秋墓　壁绘

东方句芒　墓室东壁　新莽　河南洛阳金谷园　壁绘

火星荧惑　墓室西壁　新莽　河南洛阳金谷园　壁绘

壁绘 仙人神祇 神祇

风师　新莽至东汉　陕西定边郝滩　壁绘

方相氏　西汉　河南洛阳卜千秋墓　壁绘

方相氏等　东汉　陕西旬邑百子村　壁绘

巨人头　新莽　河南偃师　壁绘

神人　新莽　河南偃师　壁绘

神虎吃旱魃　西汉　河南洛阳烧沟 61 号墓　壁绘

神虎吃旱魃（局部）　西汉　河南洛阳烧沟 61 号墓　壁绘

壁绘 仙人神祇 神祇

护门神人 东汉 陕西旬邑百子村 壁绘

天象图　西汉　陕西西安交通大学　壁绘

二十八宿之井宿与鬼宿　西汉　陕西西安交通大学　壁绘

天象图　西汉　陕西西安交通大学　壁绘

二十八宿之毕宿　西汉　陕西西安交通大学　壁绘

二十八宿之毕宿　新莽至东汉　陕西定边郝滩　壁绘

壁绘

仙人神祇 天象

二十八宿之斗宿与箕宿　西汉　陕西西安交通大学　壁绘

二十八宿之斗宿　西汉　陕西西安交通大学　壁绘

二十八宿之箕宿　西汉　陕西西安交通大学　壁绘

二十八宿之斗宿　新莽至东汉　陕西定边郝滩　壁绘

二十八宿之箕宿　新莽至东汉　陕西定边郝滩　壁绘

二十八宿之井宿　新莽至东汉　陕西定边郝滩　壁绘

二十八宿之牛宿与女宿　西汉　陕西西安交通大学　壁绘

二十八宿之牛宿与女宿　新莽　陕西靖边杨桥畔二村　壁绘

壁绘

仙人神祇

天象

二十八宿之女宿　西汉　陕西西安交通大学　壁绘

二十八宿之女宿　新莽　陕西靖边杨桥畔二村　壁绘

二十八宿之牛宿　新莽　陕西靖边杨桥畔二村　壁绘

二十八宿之牛宿　新莽至东汉　陕西定边郝滩　壁绘

二十八宿之觜宿　西汉　陕西西安交通大学　壁绘

二十八宿之虚宿与危宿　西汉　陕西西安交通大学　壁绘

二十八宿之奎木狼宿　新莽至东汉　陕西定边郝滩　壁绘

二十八宿之参宿与白虎　新莽至东汉　陕西定边郝滩　壁绘

二十八宿之娄宿　新莽至东汉　陕西定边郝滩　壁绘

二十八宿之昴宿　新莽至东汉　陕西定边郝滩　壁绘

二十八宿之室宿壁宿与玄武
新莽至东汉　陕西定边郝滩　壁绘

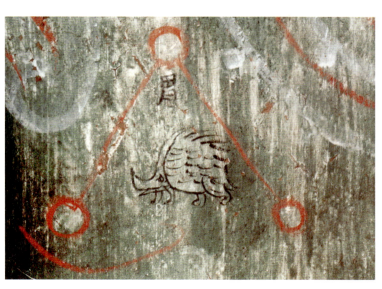

二十八宿之胃宿
新莽至东汉　陕西定边郝滩　壁绘

天市五车等　新莽　陕西靖边杨桥畔二村　壁绘

天市五车等（局部）　新莽　陕西靖边杨桥畔二村　壁绘

二十八宿之一　新莽至东汉　陕西定边郝滩　壁绘

太阳　西汉　河南洛阳磁涧　壁绘

太阳　新莽　河南洛阳金谷园　壁绘

日中金乌　西汉　陕西西安交通大学　壁绘

壁绘 仙人神祇 天象

壁绘 仙人神祇 天象

月亮
西汉
河南洛阳卜千秋墓
壁绘

月亮
墓室券顶
西汉
陕西西安理工大学1号墓
壁绘

月亮　西汉　河南洛阳磁涧　壁绘

月亮及玉兔蟾蜍
新莽至东汉　陕西定边郝滩　壁绘

月亮
东汉　陕西旬邑百子村　壁绘

枭羊　西汉　河南洛阳卜千秋墓　壁绘

黄蛇　西汉　河南洛阳卜千秋墓　壁绘

三足乌　西汉　陕西西安交通大学　壁绘

巴蛇吞象　新莽至东汉　陕西定边郝滩　壁绘

双首神鹿　东汉　河南荥阳苌村　壁绘

驱傩　墓室隔梁正面上部　西汉　河南洛阳烧沟 61 号墓　壁绘

驱傩乘龙　西汉　河南洛阳烧沟 61 号墓　壁绘

镇墓兽　新莽　陕西靖边杨桥畔二村　壁绘

榜题 麒麟 东汉 河南荥阳苌村 壁绘

榜题　凤凰　东汉　河南荥阳苌村　壁绘

榜题　鸾鸟　芝草　东汉　河北望都1号墓　壁绘

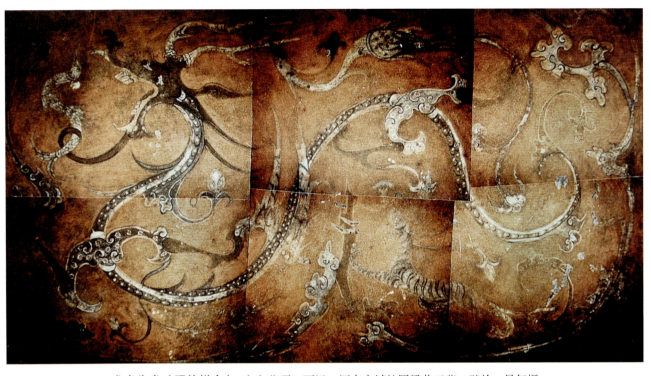

龙虎朱雀（照片拼合） 主室墓顶 西汉 河南永城柿园梁恭王墓 壁绘 早年摄

龙虎朱雀 主室墓顶 西汉 河南永城柿园梁恭王墓 壁绘

中国汉画大图典

壁绘 动物灵异 四神与麒凤

龙头　主室墓顶　西汉　河南永城柿园梁恭王墓　壁绘

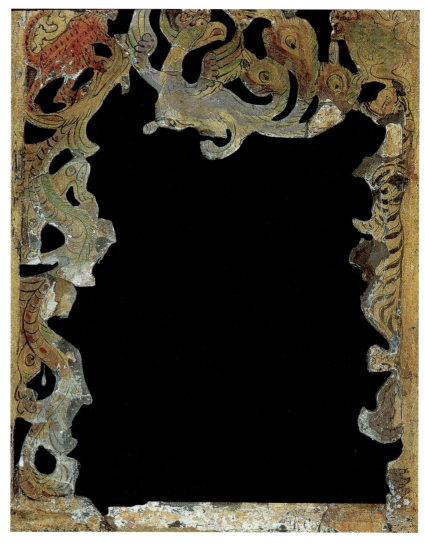

龙虎朱雀　墓室隔梁正面　西汉　河南洛阳烧沟61号墓　壁绘

龙　墓室隔梁正面上部　西汉　　　　　　　龙　墓室隔梁正面上部　西汉
河南洛阳烧沟 61 号墓　壁绘　　　　　　　河南洛阳烧沟 61 号墓　壁绘

壁绘　动物灵异　四神与麒凤

四神之青龙 西汉 陕西西安交通大学 壁绘

龙 东汉 河南荥阳苌村 壁绘

双龙　西汉　河南洛阳卜千秋墓　壁绘

二龙穿璧　新莽　河南洛阳金谷园　壁绘

白虎　主室墓顶　西汉　河南永城柿园梁恭王墓　壁绘

白虎下山（残图）　主室南壁　西汉　河南永城柿园梁恭王墓　壁绘

白虎　西汉　河南洛阳卜千秋墓　壁绘

白虎　西汉　河南洛阳磁涧　壁绘

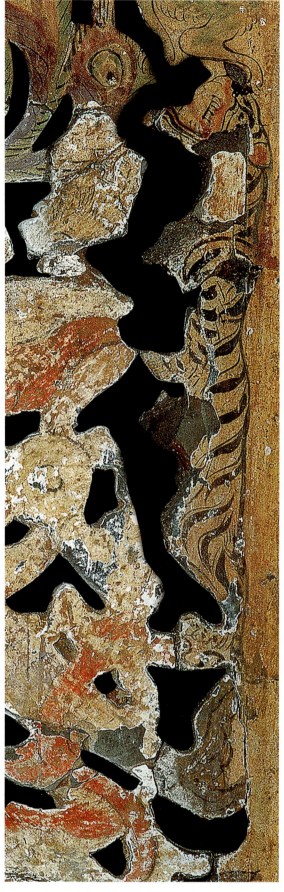 

虎　墓室隔梁正面上部　　　　　　虎（局部）　墓室隔梁正面上部
西汉　河南洛阳烧沟 61 号墓　壁绘　　西汉　河南洛阳烧沟 61 号墓
　　　　　　　　　　　　　　　　　　　　壁绘

虎　西汉　陕西西安交通大学　壁绘

壁绘 动物灵异 四神与麒凤

四神之白虎　西汉　陕西西安交通大学　壁绘

虎　西汉　甘肃武威　壁绘

白虎之翼虎 新莽　河南偃师　壁绘

白虎 新莽　河南偃师　壁绘

白虎之翼虎　新莽　河南偃师　壁绘

白虎　东汉　陕西旬邑百子村　壁绘

朱雀　主室墓顶　西汉　河南永城柿园梁恭王墓　壁绘

朱雀与云气　主室南壁　西汉　河南永城柿园梁恭王墓　壁绘

朱雀　西汉　河南洛阳卜千秋墓　壁绘

朱雀 墓室隔梁正面 西汉 河南洛阳烧沟 61 号墓 壁绘

四神之朱雀 西汉 陕西西安交通大学 壁绘

中国汉画大图典

壁绘 动物灵异 四神与麒凤

朱雀　东汉
四川中江民主乡桂花村塔梁子崖墓　壁绘　2002年出土

四神之玄武（虚宿危宿中）
西汉　陕西西安交通大学　壁绘

玄武　新莽　河南洛阳铁塔山　壁绘

凤鸟　新莽　河南偃师辛村　壁绘

凤鸟　新莽　河南偃师辛村　壁绘

凤鸟　墓室东壁　新莽　河南洛阳金谷园　壁绘

凤鸟　墓室东壁　新莽　河南洛阳金谷园　壁绘

凤鸟与云气　东汉　陕西旬邑百子村　壁绘

凤鸟　西汉　陕西西安交通大学　壁绘

麒麟　东汉　河南荥阳苌村　壁绘

榜题 羊酒 东汉 河北望都 壁绘

榜题 麖子 东汉 河北望都 壁绘

榜题　白兔　东汉　河北望都1号墓　壁绘

神兽　东汉　河南荥阳苌村　壁绘

神兽　东汉　河南荥阳苌村　壁绘

怪兽图　东汉　河南密县打虎亭2号墓　壁绘

怪兽　东汉　河南荥阳苌村　壁绘

玉璧瑞兽　西汉　河南洛阳磁涧　壁绘

虎　虎逐鹿（局部）　西汉　陕西西安交通大学　壁绘

双熊　墓室隔梁正面上部　西汉　河南洛阳烧沟61号墓　壁绘

觗兕　兵器觗兕图（局部）　东汉　内蒙古鄂托克旗凤凰山1号墓　壁绘

野牛　行猎图之射牛（局部）　墓室东壁　西汉　陕西西安理工大学1号墓　壁绘

野猪　行猎图之骑士取猎物图（局部）　墓室东壁　西汉　陕西西安理工大学1号墓　壁绘

中国汉画大图典

壁绘 动物灵异 畜兽

白狐 天鹅与白狐（局部） 西汉 陕西西安交通大学 壁绘

狐 西汉 陕西西安交通大学 壁绘

鹿群　墓室东壁　西汉　陕西西安理工大学 1 号墓　壁绘

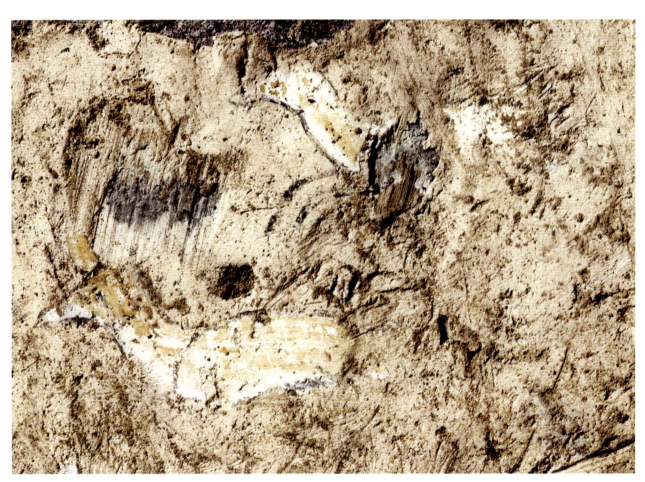

双鹿　鹿群（局部）　墓室东壁　西汉　陕西西安理工大学 1 号墓　壁绘

小鹿　墓室东壁　西汉　陕西西安理工大学1号墓　壁绘

小鹿（初稿）　墓室东壁　西汉　陕西西安理工大学1号墓　壁绘

小鹿　西汉　陕西西安交通大学　壁绘

小鹿　西汉　陕西西安交通大学　壁绘

鹿　东汉　内蒙古鄂托克旗米兰壕 1 号墓　壁绘　1999 年出土

壁绘　动物灵异　畜兽

鹿
东汉
内蒙古鄂托克旗米兰壕 1 号墓
壁绘　1999 年出土

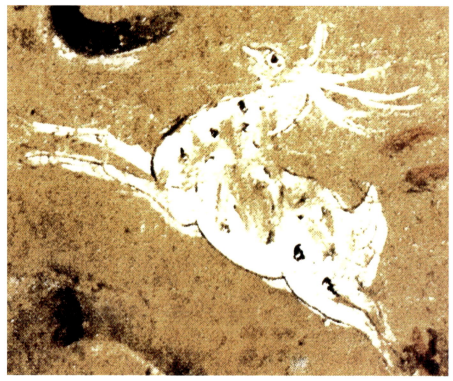

鹿
东汉
内蒙古鄂托克旗米兰壕 1 号墓
壁绘　1999 年出土

卧鹿　东汉　河南洛阳朱村　壁绘

奔兔　墓室东壁　西汉　陕西西安理工大学1号墓　壁绘

奔兔　东汉　河南荥阳苌村　壁绘

吠犬　东汉　辽宁辽阳北园　壁绘

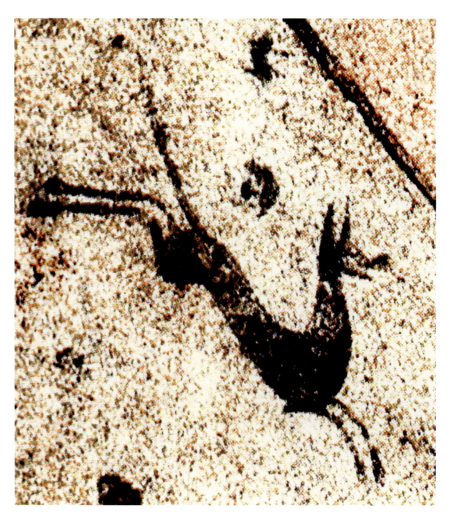

奔犬　东汉　内蒙古鄂托克旗凤凰山 1 号墓　壁绘

羊头　神虎吃旱魃（局部）　西汉　河南洛阳烧沟 61 号墓　壁绘

羊　东汉　河南密县打虎亭 2 号墓　壁绘

榜题　鸡　东汉　河北望都1号墓　壁绘

榜题　鸳鸯　东汉　河北望都1号墓　壁绘

仙鹤云气　墓室主室后壁上部　西汉　陕西西安交通大学　壁绘

仙鹤云气　西汉　陕西西安交通大学　壁绘

中国汉画大图典

壁绘 动物灵异 禽鸟

仙鹤云气　西汉　陕西西安交通大学　壁绘

仙鹤云气　西汉　陕西西安交通大学　壁绘

仙鹤云气　西汉　陕西西安交通大学　壁绘

壁绘 动物灵异 禽鸟

仙鹤云气　西汉　陕西西安交通大学　壁绘

仙鹤云气　西汉　陕西西安交通大学　壁绘

仙鹤云气　西汉　陕西西安交通大学　壁绘

壁绘 动物灵异 禽鸟

仙鹤云气　西汉　陕西西安交通大学　壁绘

仙鹤云气　西汉　陕西西安交通大学　壁绘

仙鹤云气　西汉　陕西西安交通大学　壁绘

天鹅　天鹅与白狐（局部）　西汉　陕西西安交通大学　壁绘

仙鹤 墓室券顶 西汉 陕西西安理工大学 1 号墓 壁绘

仙鹤 墓室券顶 西汉 陕西西安理工大学 1 号墓 壁绘

仙鹤云气　墓室券顶　西汉　陕西西安理工大学1号墓　壁绘

仙鹤头部　仙鹤云气（局部）　墓室券顶　西汉　陕西西安理工大学1号墓　壁绘

仙鹤　新莽至东汉　陕西定边郝滩　壁绘

飞雉　墓室东壁　西汉　陕西西安理工大学1号墓　壁绘

雉鸡 西汉 陕西西安交通大学 壁绘

雉鸡 东汉 河南荥阳苌村 壁绘

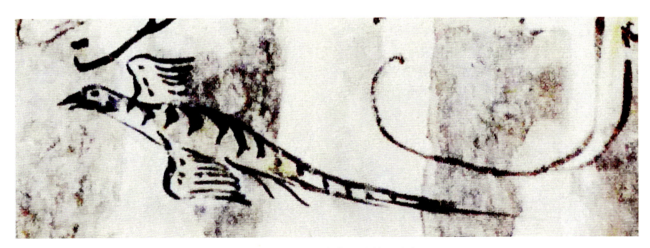

雉鸡 东汉 河南荥阳苌村 壁绘

雉鸡　东汉　河南荥阳苌村　壁绘

雉鸡　东汉　河南荥阳苌村　壁绘

斗鸡　墓室北壁下层　新莽　山东东平后屯汉墓　壁绘

鸟　西汉　陕西西安交通大学　壁绘

鸟　西汉　陕西西安交通大学　壁绘

飞禽图　东汉　河南密县打虎亭2号墓　壁绘

壁绘 动物灵异 禽鸟

飞鸟　东汉　河南荥阳苌村　壁绘

飞鸟　东汉　河南荥阳苌村　壁绘

飞鸟　东汉　河南荥阳苌村　壁绘

虎逐鹿 西汉 陕西西安交通大学 壁绘

天鹅与白狐 西汉 陕西西安交通大学 壁绘

家畜斗鸡人物 墓室北壁下层 新莽 山东东平后屯汉墓 壁绘

虎及奔羊 新莽至东汉 陕西定边郝滩 壁绘

犬逐兔 新莽至东汉 陕西定边郝滩 壁绘

犬逐野猪 新莽至东汉 陕西定边郝滩 壁绘

狸猫与喜鹊 墓室前室上部 东汉 河南荥阳苌村 壁绘

宁城图　东汉　内蒙古和林格尔　壁绘

宁城图（局部）　东汉　内蒙古和林格尔　壁绘

宁城图（局部） 东汉 内蒙古和林格尔 壁绘

壁绘 建筑藻饰 组合

繁阳县城 东汉 内蒙古和林格尔 壁绘

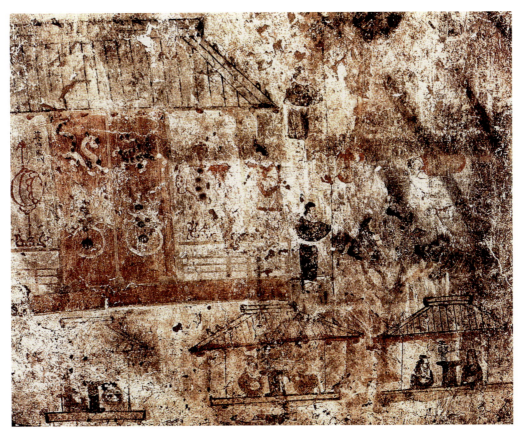

幕府图　东汉　内蒙古和林格尔　壁绘

幕府图　东汉　内蒙古和林格尔　壁绘

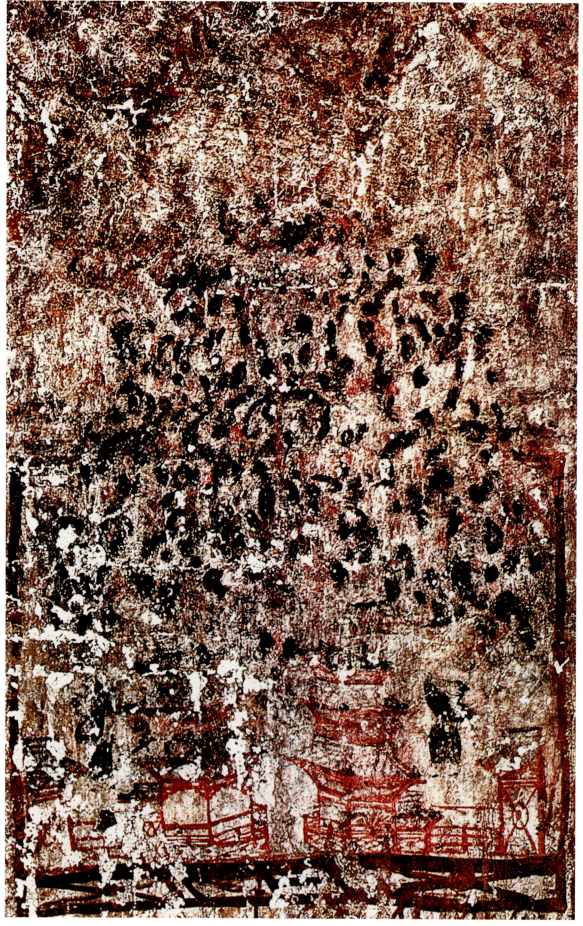

柱树双阙图　东汉　内蒙古和林格尔　壁绘

柱树双阙图（局部）　东汉　内蒙古和林格尔　壁绘

卧帐图　东汉　内蒙古和林格尔　壁绘

坞堡建筑　东汉　河北安平逯家庄　壁绘

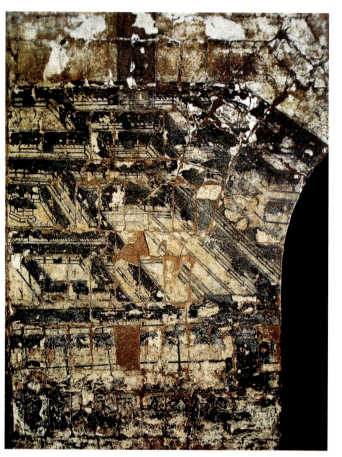
坞堡建筑（局部）　东汉　河北安平逯家庄　壁绘

拱桥　东汉　内蒙古和林格尔　壁绘

藻饰　墓室隔梁正面　西汉　河南洛阳烧沟61号墓　壁绘

藻饰　墓室隔梁正面上部右半部分　西汉　河南洛阳烧沟61号墓　壁绘

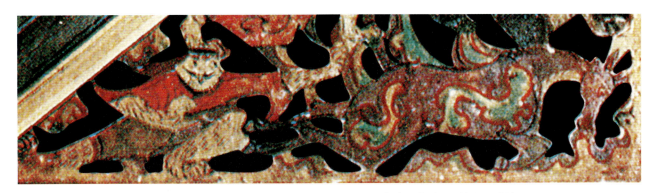

藻饰　墓室隔梁正面上部左半部分　西汉　河南洛阳烧沟61号墓　壁绘

藻饰　墓室隔梁正面上部右半部分　西汉
河南洛阳烧沟 61 号墓　壁绘

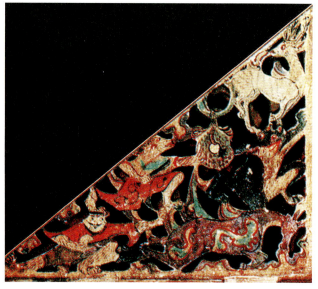

藻饰　墓室隔梁正面上部左半部分　西汉
河南洛阳烧沟 61 号墓　壁绘

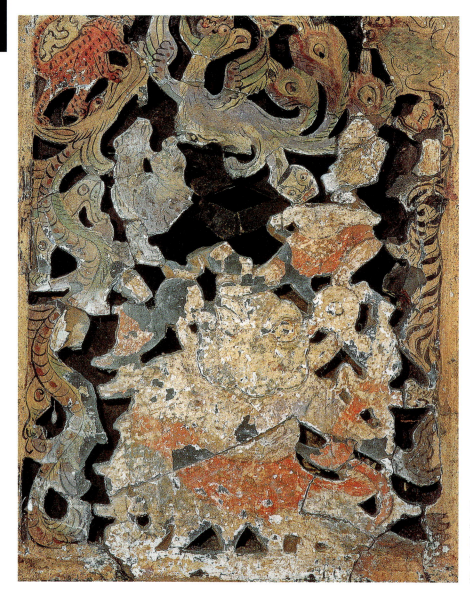

藻饰
墓室隔梁正面中间部分
西汉
河南洛阳烧沟 61 号墓
壁绘

人物瑞禽异兽条屏之一 墓室前室上部 东汉 河南荥阳苌村 壁绘

人物瑞禽异兽条屏之二　墓室前室上部　东汉　河南荥阳苌村　壁绘

人物瑞禽异兽条屏之三 墓室前室上部 东汉 河南荥阳苌村 壁绘

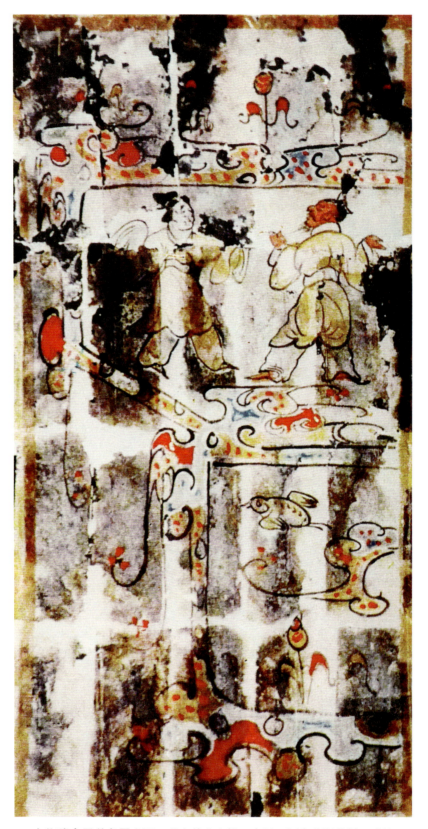

人物瑞禽异兽条屏之四 墓室前室上部 东汉 河南荥阳苌村 壁绘

人物瑞禽异兽条屏之五　墓室前室上部　东汉　河南荥阳苌村　壁绘

壁绘 建筑藻饰 组合

人物瑞禽异兽条屏之六 墓室前室上部 东汉 河南荥阳苌村 壁绘

人物瑞禽异兽条屏之七 墓室前室上部 东汉 河南荥阳苌村 壁绘

壁绘 建筑藻饰 组合

人物瑞禽异兽条屏之八　墓室前室上部　东汉　河南荥阳苌村　壁绘

人物瑞禽异兽条屏之九 墓室前室上部 东汉 河南荥阳苌村 壁绘

人物瑞禽异兽条屏之十 墓室前室上部 东汉 河南荥阳苌村 壁绘

人物瑞禽异兽条屏之十一　墓室前室上部　东汉　河南荥阳苌村　壁绘

壁绘 建筑藻饰 楼阁与多层建筑

护乌桓校尉幕府谷仓　东汉　内蒙古和林格尔　壁绘　　　　繁阳县仓　东汉　内蒙古和林格尔　壁绘

县仓　繁阳县仓（局部）　东汉　内蒙古和林格尔　壁绘

楼台　东汉
内蒙古乌审旗嘎鲁图 1 号墓　壁绘　2001 年出土

楼台　东汉
内蒙古鄂托克旗米兰壕 1 号墓　壁绘　1999 年出土

壁绘　建筑藻饰　楼阁与多层建筑

楼台　东汉　内蒙古乌审旗嘎鲁图 1 号墓　壁绘　2001 年出土

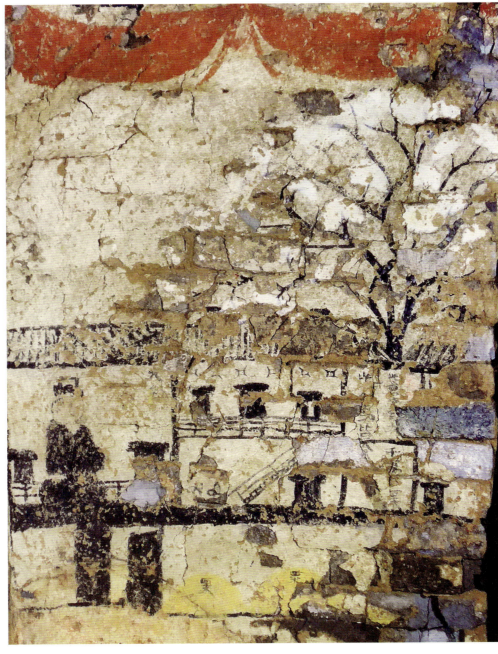

仓储　东汉　陕西旬邑百子村　壁绘

仓储图　东汉　陕西靖边杨桥畔一村　壁绘

中国汉画大图典

壁绘

建筑藻饰

建筑 东汉 内蒙古鄂尔多斯汉墓 壁绘

庭院与台榭

院落图 东汉 山西夏县王村东汉墓 壁绘

庭院　新莽至东汉　陕西定边郝滩　壁绘

槀积禾积　庭院（局部）　新莽至东汉　陕西定边郝滩　壁绘

中国汉画大图典

壁绘 建筑藻饰 庭院与台榭

庭院　东汉　内蒙古鄂托克旗凤凰山1号墓　壁绘

庭院门外之马车牛车 东汉　内蒙古鄂托克旗凤凰山 1 号墓　壁绘

望楼高台图 东汉　内蒙古鄂托克旗凤凰山 1 号墓　壁绘

壁绘

建筑藻饰

庭院与台榭

山峦院落图（摹本） 东汉 山西平陆枣园村汉墓 壁绘 1959年出土

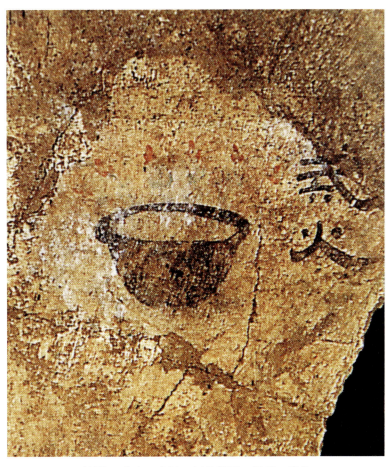

榜题 戒火 东汉 河北望都 1 号墓 壁绘

榻前漆案漆樽及耳杯 墓室西壁 西汉 陕西西安理工大学 1 号墓 壁绘

马蹄形足部（木榻） 墓室西壁 西汉 陕西西安理工大学 1 号墓 壁绘

近侍手捧物 东汉 河北安平逯家庄 壁绘

手持之漆卮 西汉 陕西西安曲江翠竹园1号墓 壁绘

主记史榻前用具 东汉 河北望都1号墓 壁绘

小案大案　东汉　河南洛阳朱村　壁绘

小案及案上物品　小案大案（局部）　东汉　河南洛阳朱村　壁绘

麈尾　东汉　河南洛阳朱村　壁绘

壁绘　建筑藻饰　藻饰

丹青笔墨（下）

347

壁绘 建筑藻饰 藻饰

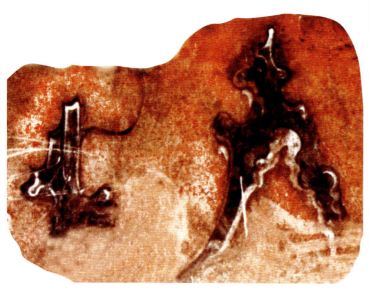

山石与云气　白虎朱雀（残图）（局部）　墓室主室南壁
西汉　河南永城柿园梁恭王墓　壁绘

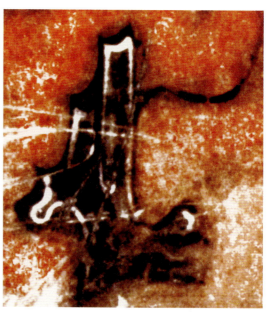

山石　白虎朱雀（残图）（局部）　墓室主室南壁
西汉　河南永城柿园梁恭王墓　壁绘

山林　东汉　内蒙古鄂托克旗凤凰山1号墓　壁绘

山林　东汉　内蒙古鄂托克旗米兰壕 1 号墓　壁绘　1999 年出土

山原　新莽　陕西靖边杨桥畔二村　壁绘

山峦　东汉　山西夏县王村东汉墓　壁绘

树（群鸟与猴）　东汉　陕西旬邑百子村　壁绘

树　东汉　陕西旬邑百子村　壁绘

灵芝　墓室主室南壁　西汉
河南永城柿园梁恭王墓　壁绘

云气　墓室主室南壁　西汉
河南永城柿园梁恭王墓　壁绘

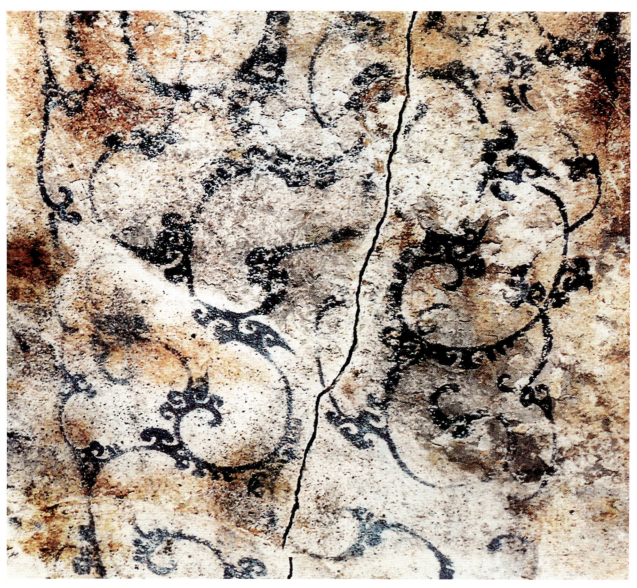

云纹　西汉元狩元年（前122）　广东广州南越王墓　壁绘

金乌云气图　墓顶　新莽　山东东平后屯汉墓　壁绘

云气图　新莽　陕西靖边杨桥畔二村　壁绘

云气　东汉　陕西靖边杨桥畔一村　壁绘

壁绘 建筑藻饰 藻饰

云气
东汉
陕西旬邑百子村
壁绘

云气
东汉
陕西旬邑百子村
壁绘

云气
东汉
陕西旬邑百子村
壁绘

莲花等　藻井　东汉　河南荥阳苌村　壁绘

藻井图案　东汉　河南荥阳苌村　壁绘

藻井图案　东汉　河南荥阳苌村　壁绘

藻井图案　东汉　河南密县打虎亭 2 号墓　壁绘

云气纹饰　东汉　内蒙古鄂托克旗米兰壕 1 号墓　壁绘　1999 年出土

莲花　藻井　东汉　河南密县打虎亭 2 号墓　壁绘

本卷参考文献

一、帛绘、漆绘、器绘及其他部分

［1］张安治. 中国美术全集：绘画编1·原始社会至南北朝绘画［M］. 北京：人民美术出版社，1986.

［2］顾森. 中国美术史：秦汉卷［M］. 济南：齐鲁书社；济南：明天出版社，2000.

［3］傅举有. 中国漆器全集：3·汉［M］. 福州：福建美术出版社，1998.

［4］湖南省博物馆，中国科学院考古研究所，文物编辑委员会. 长沙马王堆一号汉墓发掘简报［M］. 北京：文物出版社，1972.

［5］湖南省博物馆，湖南省文物考古研究所. 长沙马王堆二、三号汉墓：第一卷·田野考古发掘报告［M］. 北京：文物出版社，2004.

［6］傅举有，陈松长. 马王堆汉墓文物［M］. 长沙：湖南出版社，1992.

［7］湖南省博物馆. 长沙马王堆汉墓陈列［M］. 北京：中华书局，2017.

［8］湖北省博物馆. 湖北省博物馆［M］. 北京：文物出版社，1994.

［9］湖北省荆州博物馆. 荆州高台秦汉墓：宜黄公路荆州段田野考古报告之一［M］. 北京：科学出版社，2000.

［10］刘娟. 荆州博物馆馆藏精品［M］. 武汉：湖北美术出版社，2008.

［11］扬州博物馆. 汉广陵国漆器［M］. 北京：文物出版社，2004.

［12］洛阳博物馆. 洛阳汉代彩画［M］. 郑州：河南美术出版社，1986.

［13］河南博物院. 河南出土汉代建筑明器［M］. 郑州：大象出版社，2002.

［14］韩长松. 焦作陶仓楼［M］. 郑州：中州古籍出版社，2015.

二、壁绘部分

［1］外文出版社. 汉唐壁画［M］. 北京：外文出版社，1974.

［2］张安治. 中国美术全集：绘画编1·原始社会至南北朝绘画［M］. 北京：人民美术出版社，1986.

［3］顾森. 中国美术史：秦汉卷［M］. 济南：齐鲁书社；济南：明天出版社，2000.

［4］徐光翼. 中国出土壁画全集［M］. 北京：科学出版社，2012.

［5］中国科学院考古研究所. 洛阳烧沟汉墓［M］. 北京：科学出版社，1959.

［6］黄明兰，郭引强. 洛阳汉墓壁画［M］. 北京：文物出版社，1996.

［7］中国社会科学院考古研究所. 杏园东汉墓壁画［M］. 沈阳：辽宁美术出版社，1995.

［8］洛阳市文物管理局，洛阳古代艺术博物馆. 洛阳古代墓葬壁画［M］. 郑州：中州古籍出版社，2010.

［9］郑州历史文化丛书编撰委员会. 郑州古墓壁画精选［M］. 香港：香港国际出版社，1999.

［10］河北省文物研究所. 河北古代墓葬壁画［M］. 北京：文物出版社，2000.

［11］河北省文物研究所. 安平东汉壁画墓［M］. 北京：文物出版社，1990.
［12］北京历史博物馆. 望都汉墓壁画［M］. 北京：中国古典艺术出版社，1955.
［13］河北省文化局文物工作队. 望都二号汉墓［M］. 北京：文物出版社，1959.
［14］陕西省考古研究院. 壁上丹青：陕西出土壁画集［M］. 北京：科学出版社，2009.
［15］西安市文物保护考古研究院. 西安西汉壁画墓［M］. 北京：文物出版社，2017.
［16］山东省文物考古研究所，东平县文物管理所. 东平后屯汉代壁画墓［M］. 北京：文物出版社，2010.
［17］佚名. 乐浪汉墓［M］. ［出版地不详］：乐浪汉墓刊行会，1974.
［18］内蒙古自治区博物馆文物工作队. 和林格尔汉墓壁画［M］. 北京：文物出版社，1978.
［19］河南省商丘市文物管理委员会，等. 芒砀山西汉梁王墓地［M］. 北京：文物出版社，2001.
［20］四川省文物考古研究院，德阳市文物考古研究所，中江县文物保护管理所. 中江塔梁子崖墓［M］. 北京：文物出版社，2008.
［21］鄂尔多斯青铜器博物馆. 草原丝路史话：鄂尔多斯汉代墓室臻品图像［M］. 北京：科学出版社，2021.

附录一 协助编辑工作人员名单

李　琼	陕西师范大学美术学院	在读博士生
戴瑞佳	西安工程大学服装与艺术设计学院	在读硕士生
路　倩	南京师范大学音乐学院	在读硕士生
徐海宁	南京师范大学音乐学院	在读硕士生
朱　遇	南京师范大学音乐学院	在读硕士生
杜芝蕊	咸阳师范学院	在读生
高雨欣	咸阳师范学院	在读生
何芊墨	咸阳师范学院	在读生
刘晓菲	咸阳师范学院	在读生
马　丹	咸阳师范学院	在读生
苏　雪	咸阳师范学院	在读生
王苗苗	咸阳师范学院	在读生
张世攀	咸阳师范学院	在读生
黄宇轩	北京电子信息学院	在读生
张明涓	湖南图书馆	馆员
周　游	湖南省博物馆	助理馆员

附录二　丛书所涉县级以上行政区划原名、现名对照表*
（截至 2021 年 12 月）

山东潍县	山东省潍坊市
山东苍山县	山东省兰陵县
山东益都县	山东省青州市
山东城武县	山东省成武县
山东历城县	山东省济南市历城区
山东福山县	山东省烟台市福山区
山东崂山县	山东省青岛市崂山区
山东即墨县	山东省青岛市即墨区
山东牟平县	山东省烟台市牟平区、莱山区
山东长清县	山东省济南市长清区
山东兖州县	山东省济宁市兖州区
山东临淄县	山东省淄博市临淄区
四川彭县	四川省彭州市
四川郫县	四川省成都市郫都区
四川璧山县	重庆市璧山区
四川彭山县	四川省眉山市彭山区
四川昭化县	四川省广元市昭化区
四川新津县	四川省成都市新津区
四川新都县	四川省成都市新都区
四川合川县	重庆市合川区
四川双流县	四川省成都市双流区
河南邓县	河南省邓州市
河南密县	河南省新密市

*为保留和记录汉画像石出土时的历史信息，便于后人考察和研究，本丛书图注地名皆为出土时的行政区划名称。在此提供县级以上行政区划原名、现名对照表（截至 2021 年 12 月），以便阅读对照。

河南汲县	河南省卫辉市
河南陕县	河南省三门峡市陕州区
河南郾城县	河南省漯河市郾城区
河南偃师县	河南省洛阳市偃师区
河南巩县	河南省巩义市
河北满城县	河北省保定市满城区
河北定县	河北省定州市
江苏铜山县	江苏省徐州市铜山区
江苏邗江县	江苏省扬州市邗江区
江苏邳县	江苏省邳州市
重庆江北县	重庆市江北区
重庆开县	重庆市开州区
重庆梁平县	重庆市梁平区
福建崇安县	福建省武夷山市
山西离石县	山西省吕梁市离石区
云南晋宁县	云南省昆明市晋宁区
广西贵县	广西壮族自治区贵港市
安徽宿县	安徽省宿州市
安徽亳县	安徽省亳州市
陕西郿县	陕西省眉县

后 记

汉画像向来被称为汉代社会形象的百科全书。然而事实是，且不论汉画像的所有门类，仅就画像砖、画像石的原砖、石而言，不仅数量多，而且尺寸大小不一、画面精粗不一，又兼保管、存放分散，研究和创作借用时便有诸多不便。迄今为止，还没有一套书能将汉画像的内容清晰地、较完整地展现于世人面前，"百科全书"一词并未坐实。汉画在使用上的迫切与汉画材料的不易获取，是一个现实。从庞杂、繁多的汉画图像中提取清晰的图像单元，条分缕析，分门别类，使之方便查阅和引用，是当前非常紧要的工作。1998年，笔者曾与浙江摄影出版社合作，利用剪刀、糨糊等，从汉画像砖、画像石、铜镜、瓦当等的拓片及出版物中，按内容将艺术形象分门别类汇集，编剪出一本以图画单元为主体的工具书（《中国汉画图典》），供广大研究人员和艺术创作人员使用，取得了积极的社会效果。时过境迁，新的图像材料的大量涌现，以及更先进的图像提取手段和编辑方法的出现，使编出一套真正的汉代社会形象的百科全书成为可能。得西北大学出版社相助，邀约同仁友好，以人物故事、舞乐百业、车马乘骑、仙人神祇、动物灵异、建筑藻饰六大专题，各自成卷，着手编辑。此外，考虑到图绘是汉人留下的原作，从20世纪50年代至今，考古发掘所获图像材料颇丰，不能总处于"养在深闺无人识"之状态。故在此次编辑时，特于常例黑白图像六卷后，增设《丹青笔墨》彩色图像一卷两册，共为七卷，名之曰《中国汉画大图典》。在新冠疫情的大环境中，本图典的编者及出版社方面，通过艰苦的努力，终于按最初设定的要求完成了编辑工作。如此大的工作量，在如此特殊的环境下能毕其功，实属不易！

本图典在编辑工作中，入选"十三五"国家重点图书出版规划项目，又先后列入陕西出版资金资助项目、国家出版基金项目，使得编辑工作如虎添翼，编者信心倍增。同时，文博部门的一些朋友及时施以援手，提供珍贵材料，一些艺术院校的师生一边学习、抗疫，一边为本图典加工提炼大批量的图样，皆功不可没。在此一并致谢！

书编完，暂时画上了句号，但编书事业不能画上句号，原因有二。一是编者能力有限，时间有限，书中的图像材料必然有所遗漏，也有部分图像不属最佳，尚待有条件时更换；二是地下文物还在陆续出土，更重要、更精彩的图像随时都会出现，须及时补足。树已长成，唯有今后常常剪枝修叶，细心养护，方能参天。道理是一样的。若要使《中国汉画大图典》成为能沿用下去的工具书，今后的增补或修订工作定不可少。《孟子·离娄下》有曰："原泉混混，不舍昼夜，盈科而后进，放乎四海。"这句话常用于治学与从业，对本图典也照样适用。只有坚持"盈科后进"的精神和执着的信念，这套图典才能起到"放乎四海"的作用。

顾 森

2021年12月24日于北京